i博导 iBODAO.COM 创客贴 CHUANGKIT.COM

联合出品

高等院校电子商务
职业细分化创新型规划教材

电商文案策划与视觉营销实战

张举 易俗 丛莉苹 主编
田莉莉 胡明丽 副主编

人民邮电出版社
北京

图书在版编目（CIP）数据

电商文案策划与视觉营销实战 / 张举，易俗，丛莉苹主编. -- 北京 : 人民邮电出版社，2018.10（2019.8 重印）
高等院校电子商务职业细分化创新型规划教材
ISBN 978-7-115-49188-6

Ⅰ. ①电… Ⅱ. ①张… ②易… ③丛… Ⅲ. ①电子商务－策划－写作－高等学校－教材②网络营销－高等学校－教材 Ⅳ. ①F713.36②H152.3

中国版本图书馆CIP数据核字(2018)第193222号

内容提要

在当今竞争异常激烈的电子商务行业，做好文案策划与视觉营销是商家从激烈的竞争中脱颖而出的关键。本书深入分析了电商文案策划和视觉营销的方法与技巧，共分为 10 章，内容包括：让消费者“一见钟情”的电商文案、如何拟出有营销力的电商文案标题、如何写出视觉冲击力强的一句话文案、电商视觉营销与营销文案、电商视觉营销的配色及构图、促销广告文案及电商视觉营销、电商视觉营销与文案的完美融合、店铺首页的视觉文案设计、商品详情页的视觉文案设计、电商文案视觉营销优秀案例剖析。

本书内容新颖、图文并茂、案例丰富，不仅适合网店店主、电商文案营销人员等电商从业者学习参考，也可作为本科院校、职业院校电子商务及相关专业的教材。

◆ 主　　编　张　举　易　俗　丛莉苹
副 主 编　田莉莉　胡明丽
责任编辑　古显义
责任印制　马振武
◆ 人民邮电出版社出版发行　　北京市丰台区成寿寺路 11 号
邮编　100164　　电子邮件　315@ptpress.com.cn
网址　http://www.ptpress.com.cn
天津画中画印刷有限公司印刷
◆ 开本：700×1000　1/16
印张：12　　2018 年 10 月第 1 版
字数：245 千字　　2019 年 8 月天津第 3 次印刷

定价：54.00 元

读者服务热线：(010)81055256　印装质量热线：(010)81055316
反盗版热线：(010)81055315
广告经营许可证：京东工商广登字 20170147 号

前言 PREFACE

在如今的电子商务时代，电商文案可以说无处不在。但是，写电商文案容易，写出吸引消费者眼球的电商文案却很难。这也印证了广告大师大卫·奥格威曾说过的一句话："99%的广告文案都没有对产品起到很好的营销作用。"

要实现电商文案的营销作用，就要真正抓住消费者的心理，让文案说服消费者，把文案写得吸引力十足，并且用最容易理解的方式传达出商品的优势与好处。但随着网络的高速发展，只通过简单的文字来吸引消费者的眼球，让他们产生购买欲望已经越来越难了。不过，动人的文案再加上一张有说服力的图片，其营销威力则会大大地提高。图片能在最短的时间内吸引消费者的目光。因此，文案创作者除了写好文案以外，还要把想要表达的东西以图片的形式展现给消费者，使消费者记忆得更深刻。也就是说，对电商企业而言，只有能打动人心的电商文案还不够，要想在诸多电商平台中脱颖而出，吸引消费者的关注并使其形成购买力，就必须要在电商平台的视觉营销上花心思、下功夫，要秉承"视觉是手段，营销是目的"的宗旨，从营销的角度，利用视觉的手段进行图片设计，在传达明确的基础上让图片看起来更加美观，更有视觉冲击力，增强消费者的记忆深度，最终达到成功营销的目的。

本书详细介绍了电商文案的策划技巧与视觉营销的优化方法，将专业的理论知识与精彩的案例完美结合，让读者能够紧跟时代步伐，不断丰富自己的文案思路和视觉审美，提高文案创作能力及视觉营销能力。

本书提供课程、实战实训及测验等资源，可通过微信扫描右侧二维码加入本书特别班级获取。二维码扫描成功后，输入班级邀请码（邀请码：AW9911），便可在班级内观看课程及完成本书配套实训及测验。

编　者

2018年4月

目录 CONTENTS

第1章 让消费者“一见钟情”的电商文案

学习目标

❶ 掌握抓住消费者兴奋点写电商文案的方法。
❷ 了解好文案能给消费者带来什么。
❸ 了解消费者喜欢的电商文案的风格。
❹ 掌握电商文案创作的四种经典模式。

文案是营销的灵魂，在“内容为王”的移动互联网时代，电商掘金离不开优质文案的支持。电商文案不是填充页面的装饰，绝不能死气沉沉毫无生命力，而要能引起消费者的共鸣，激发消费者的购买欲望。

1.1 如何抓住消费者的兴奋点

一个夺人眼球的电商文案，可能会使人开怀大笑，也可能使人陷入深思，它可以创意十足，也可以流畅自然，使消费者能够自然而然地被它所吸引，甚至试图与其进行交流。倘若电商文案能达到这样的效果，那么其营销效果就至少成功了50%。

1.1.1 了解消费者看文案的立场

兵法有云：“知己知彼，方能百战百胜。”创作电商文案也是一样的，电商文案创作者在下笔之前，必须要搞清楚读这份文案的人是谁，知道他们读这份文案时的立场是什么。

立场往往来自人们认识事物时对事物做出的价值评价，人们总是站在一些特定的利害角度对事物进行评价。简单来说，立场是指人们认识和处理问题时所处的地位和所抱的态度。电商文案创作者要站在消费者的立场来考虑问题，让商品或服务尽可能地吸引消费者购买。为了达到吸引消费者的目的，文案创作者应从商品的特性、卖点、效果及其他能打动消费者的地方出发，在创作文案时做到知己知彼。

作为文案创作者，要让消费者相信文案所说的话，要想让消费者觉得文案了解他们，首先就要知道他们的立场，从消费者的购买动机出发撰写文案。

消费者的购买动机通常包括实用动机、方便动机、健康动机、求美动机、求廉动机、求新动机、求名动机和安全动机等。因此，创作电商文案切忌总是谈论“我”，而不是消费者。文案创作者要善于根据特定社会背景下的消费者的特定消费动机，让文案内容说到消费者的心坎上去。所以，撰写电商文案的基本要素就是多使用“你”字，例如：“你是不是遇到困难了？”“你最近压力大吗？”“你觉得自己胖了吗？”“你想过对自己好点儿吗？”

图1-1所示为红星二锅头以“没有酒，说不好故事”为主题的一组广告文案。

图1-1　根据消费者立场写出走心的电商文案

红星二锅头作为北京酒文化的代表，以真实的故事配合黑白的街景，将“北漂”们身处异乡的情绪释放出来，这也映衬了红星二锅头的产品特性，不仅能表现红星二锅头的文化内涵，更能引发一部分人对往日时光的深刻感怀。

再以某品牌护肤品为例，该商品的核心卖点在于美白和淡斑。该商品电商网页中的文案从消费者的购买动机出发，详细阐述了商品美白淡斑、收细毛孔、拔出黑头与控油补水的功能，如图1-2所示。

对电商文案来说，其读者对象是消费者，所以要想做好这种类型的文案，就要站到消费者的立场上思考问题，从购买动机出发撰写文案，文案内容突出消费者的利益，他们才会“买账”。

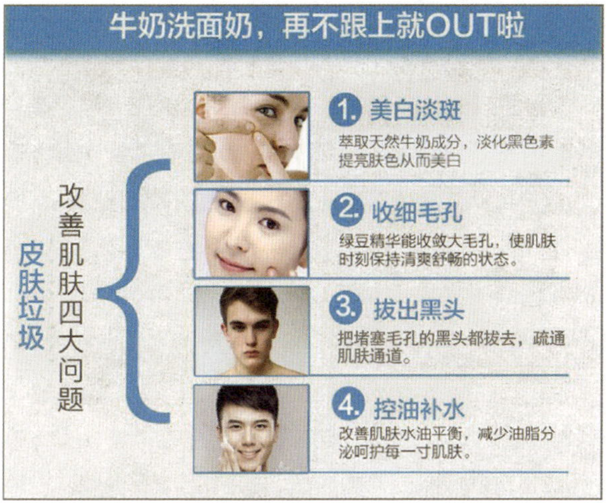

图1-2　从消费者购买动机出发撰写电商文案

1.1.2　找准消费者的“痛点”

寻找消费者的“痛点”就是要精准地捕捉消费者的需求和渴望，并将其与商品建立起联系。一方面，要能精准地捕捉到消费者的内在需求，找准消费者的“痛点”所在；另一方面，关于商品价值的展示，洞察力非常重要，要充分建立起消费者“痛点”与商品的联系。

好的文案往往都是通过走心的表现形式来宣传自己的商品，采用换位思考的方式，表达消费者的心声，让消费者觉得非买不可。例如，兰蔻某款护肤品的文案“放大双眸，挥别熬夜熊猫眼”，就准确地击中了目标消费者熬夜后有熊猫眼的“痛点”，从而有效地吸引了消费者的注意。又如格力空调的文案“双效速热，省电75%”，很容易打动追求省电的消费者。再如施华蔻染发膏的文案“无氨低刺激，植物更安心”（见图1-3），则切中了消费者担心经常染发影响健康的问题，打动目标消费群体，引导其产生购买的意愿。

图1-3　找准消费者“痛点”

文案创作要找到消费者真正的需求所在，说出消费者心里的那句话，以“消费者痛点”深挖“消费者需求”。消费者能感受到什么事物在干扰他们，即所谓的“痛点”，但往往想不到解决的方案，即所谓的“需求”，因此文案创作者要把眼光投向消费者的这些“痛点”。想想那些让消费者感到不安、沮丧或难受的事情，然后带着这些 “痛点”，找出“治疗”的方法，并将文案重点放在商品或服务可以解决消费者的“痛点”上，告知消费者我们正在舒缓他们的痛苦。

例如，许多消费者都有午休的习惯，但苦于公司无法提供休息的场所，只能在办公桌前小憩。为了应对消费者的这种“痛点”，某款单人午休折叠床的宣传文案如图1-4所示。

告别午休“烦恼”，

午休专家，

×××呵护您的午休，

让您在任何场合都自信从容。

免安装、简易折叠，居家必备！

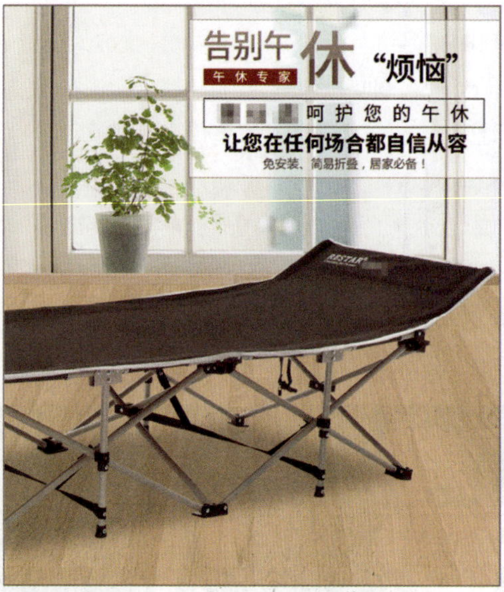

图1-4　找准消费者午休烦恼的“痛点”

1.1.3　通过关联法找电商文案切入点

电商文案如果没有新意，自然无法引起消费者的关注，商品也就很难卖出去，这种不能促进商品销售的电商文案是一文不值的。那么，如何才能写出具有新意的电商文案呢？找准切入点是关键。下面介绍几种通过关联法寻找文案切入点的方法。

1. 热点话题

追热点、用热词早已经不是什么营销秘密武器了，不少文案创作者每天都在关注着当前最新的热点话题、最流行的词汇及最热门的明星等热门信息。

网络文化的兴起，同时也产生了一些网络流行语，如“惊不惊喜，意不意外”“还有这种操作”“请开始你的表演”等。文案创作者在撰写商品文案时，可以通过加入流行语元素来引起消费者的注意。文案创作者如果能很好地掌握这些网络流行语，并将其延伸到商品文案中，将会大大增加文案的吸引力。

2017年播出的电视剧《柒个我》一度成为热点。江小白就对这一热点保持了很强的敏锐度，结合热播剧顺势推出了以“七重人格，为爱治愈”为主题的文案海报。分别从“骗子”“老古董”“超人”“演员”等七个维度，来诠释我们每个人生活中时刻演绎着的“七个我”。一张张水粉画的人物形象，配上细腻、洞悉人内心的文案，让人动容，如图1-5所示。

图1-5 江小白蹭热点文案

但要知道，热点就像早班车，一定要赶早。没有坐上“第一班车”也就没有必要再追了，因为后续不管如何操作都会毫无新鲜感，只会让人感觉审美疲劳。

无论是电影、电视剧、动漫卡通还是综艺节目，都很容易成为电商文案的创作切入点。电商文案要与时俱进，紧贴舆论热点，要做到真正与品牌“玩”、与社会“玩”、与商品“玩”，并在玩创意的过程中实现营销。

2. 逆向思维

对于电商文案的创作者来说，从反方向突破常规是一种非常容易吸引消费者注意力的写作方式。人们都习惯做正向思考，所以通过正向思维想到的东西，很多人都能想到，但通过逆向思维得到的东西很少有人能想到，所以大家都会觉得很好奇，这也是文案创作者通过逆向思维写出的东西更容易吸引消费者关注的原因。

广告公司Doyle Dane Bernbach（DDB）在1959年为大众汽车推出的平面广告“想想小的好处”（Think Small），就是典型的运用逆向思维的创意策略，该文案一反美国消费者一味追求“大”的思维，突出一个“小”字，为大众甲壳虫汽车在美国成功开拓了巨大的市场。

逆向思维的文案撰写切入点是指运用“反常规、反传统、反顺向”的思维方式，构想出的让人意想不到的广告创意。例如，每年5月20日是“全民表白日”，很多品牌提前半个月就开始针对情侣们做营销活动，但没想到当天最热的竟然是一家专门面向失恋人士开放的“分手花店”的文案，如图1-6所示。

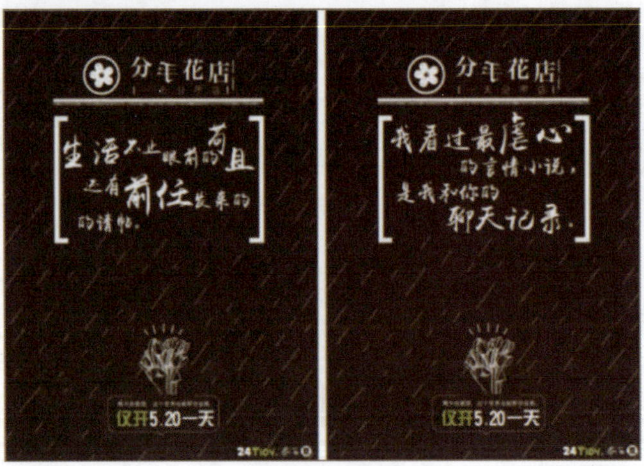

图1-6 分手花店文案

分手花店虽然看起来很失意，实则准确抓住了一些消费者的痛点，以逆向思维给失恋的人提供了一个情感宣泄的出口，其辐射范围更宽、更广。一年几度情人节，消费者对商家的“恩爱营销”早已审美疲劳，分手花店的出现自然能吸引人眼球。

与别人不同，你就真的不同，消费者就喜欢与众不同的东西。因此，对于电商文案来说，最大的忌讳就是雷同，除非文案创作者是第一个发布这种类型的文案的，否则很难再受到广泛关注。

3. 制造“冲突”

在撰写文案时，有时会根据需要有意制造冲突性话题。例如，有的电商文案中写道：“你知道吗？洗衣机比马桶脏64倍，也许你正在使用这样的洗衣机……”这种与常理不同的文案突破了人们的心理预期，极具话题性。

那么，如何制造“冲突”，吸引消费者的注意呢？首先，要保证这种“冲突”与消费者息息相关，要贴近消费者的生活，最好能说到消费者的忧虑所在。例如，“孩子学习成绩差，不好好听课，学校又没有办法管理怎么办？”，这样消费者在看到文案时就会被你制造的“冲突”所吸引。

其次，有许多问题是人们认知层面深层次的固有矛盾，如小与大、多与少、梦想与现实等，这些问题难以解决，又极具话题性。运用这类话题时，可以先找到一个大家都认可的关注点，然后马上来一个意外的转折，往往能给消费者带来一种出其不意的感觉，消费者也就顺着你造的“滑梯”迅速地滑下来了。

例如，苹果公司在发布第一代iPod时，谈到iPod的轻薄小巧和大存储容量，乔布斯说“把1000首歌装到口袋里”，这就让消费者感受到“小”与“大”的冲突。再如，“不用节食，还你苗条身材”这句文案，让消费者突破了原有的减肥必须节食的心理预期。

最后，在进行互联网营销推广时，与竞争对手共同制造噱头，互相“挑逗”，也是一种常见的撰写文案的手段。例如，奔驰为E级轿车在网上发布了一张宣传海报，针对其主要竞争对手宝马5系和奥迪A6，借三国中关羽“过五关斩六将”的典故来“挑逗”竞争对手，文案中写道“过5关，斩6将，全新梅赛德斯 - 奔驰长轴距E级车，文武双全”，如图1-7（a）所示。

宝马迅速贴出海报回应：“大E失荆州，失E走麦城，无宝马，不英雄”。与此同时，其他汽车品牌纷纷在网上跟风发布文案，引来关注流量，如图1-7（b）所示。

（a）

图1-7　利用竞争对手制造冲突式文案

（b）

图1-7　利用竞争对手制造冲突式文案（续）

在互联网比较发达的时代，“温和”的东西大家看得太多了，偶尔出现一些意外“冲突”，会引起不小的动静。

1.2 好文案能给消费者带来什么

文案是为了把商品推销出去，让消费者认识商品、了解商品特性，并引起消费者的情感共鸣，让消费者知道商品特性能满足他们的需求。消费者觉得文案好，最主要的原因是他们从文案中看到这个商品能满足他的需求，既然满足了他的需求，那么他自然会购买文案中所宣传的商品。可见，商品才是电商文案创作的出发点，才是电商文案创作的核心。

1.2.1　让消费者了解商品的卖点

撰写电商文案最主要的目的就是让商品畅销，而让商品畅销就要让消费者了解商品，清楚商品的卖点，毕竟消费者不是在买广告，而是在买商品。

一件商品往往会有很多卖点，而文案创作者不必长篇大论地将商品的所有卖点都列出来。因为长篇大论地罗列商品卖点，必然会让文案的篇幅很长，消费者阅读大篇幅的内容后，到最后很可能一项卖点也记不住。

商品的卖点包括核心卖点和一般卖点，文案创作者需要挖掘并决定主推哪一项卖点。要知道，你推销的商品或服务所具有的优势并非放之四海而皆准的，而是适用于特定的人群，因此要结合这类人群的需求进行有针对性的商品卖点描述。例如，某款吸尘器，基于其商品自身特点，它具有清扫、静音等功能，而其他同类商品都具有这样的优点（一般卖点），那么你就需要挖掘这款吸尘器与竞争对手相比，优于其他商品的卖点是什么。经过对比研究发现，这款商品具备可智能充电使用的功能，可以在这个卖点（核心卖点）上大做文章。

小米的文案让很多人都很佩服。那么，小米的文案为什么会如此不同凡响，又是如何做到的呢？下面通过一个例子说明小米是如何制作文案的。

以小米车载充电器为例，开篇的短文案简洁明了地告诉消费者，这个商品是车载充电器，并讲述了该款车载充电器的三个清晰卖点，本文案最显眼的一点就是开篇的手持配图，清晰明了地让消费者知道这个商品有多大——一个手就握得住，刚好能插进车的插孔，如图1-8所示。

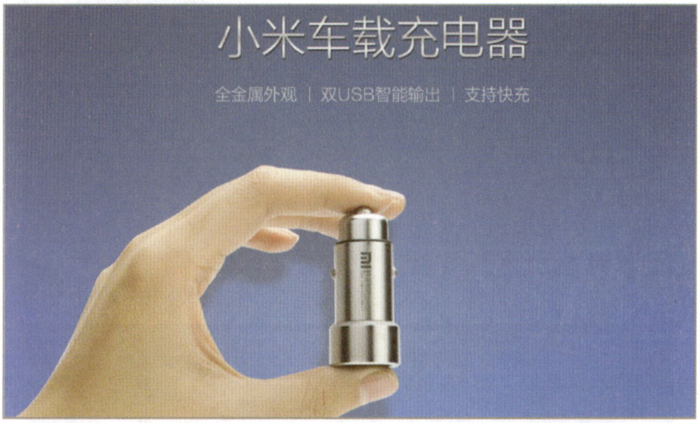

图1-8 小米车载充电器

第一段文案（见图1-9）则是告诉消费者其在哪些情况下对该商品会产生需求。其实生活中很多时候消费者都不知道自己对某个商品是否有需求，就算遇到了能满足自己需求的商品，也因为这种需求不是很急迫，而将能满足这种需求的商品忘记，这个时候就需要文案创作者告诉消费者，在什么时候可使用该商品解决什么问题，如本文案的日常出行为手机等数码产品充电。此外，文案中还同时强调了商品的第一个卖点——“全金属外观”。本篇短文案用“场景法＋占领法”对消费者进行商品的宣讲，尤其是最后一句，明显突出了商品的三要素：特点（高品质金属外壳）、优点（手感舒适）和利益点（让人爱不释手），如图1-9所示。

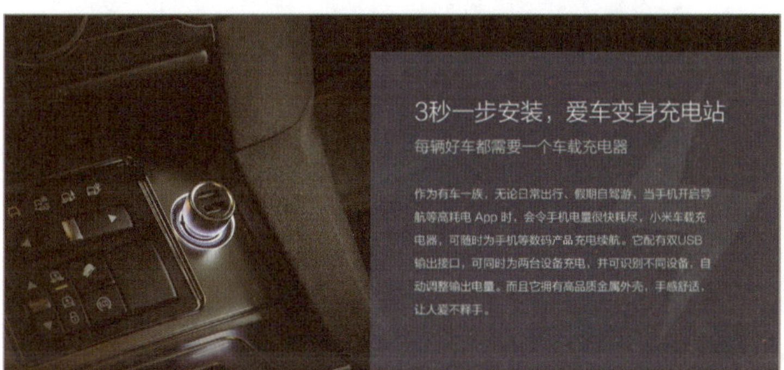

图1-9 车载充电器的第一段短文案

随后的文案用“双USB同时充两台设备”一句话，突出了商品的第二个卖点——“双USB智能输出”。然后通过图片的方法证明卖点二，后面一句通过具体的“列数据法”（5V/3.6A、5V/2.4A）引出第三卖点——快充技术。后面的两个短文案则着重说明了商品的智能技术，如图1-10所示。

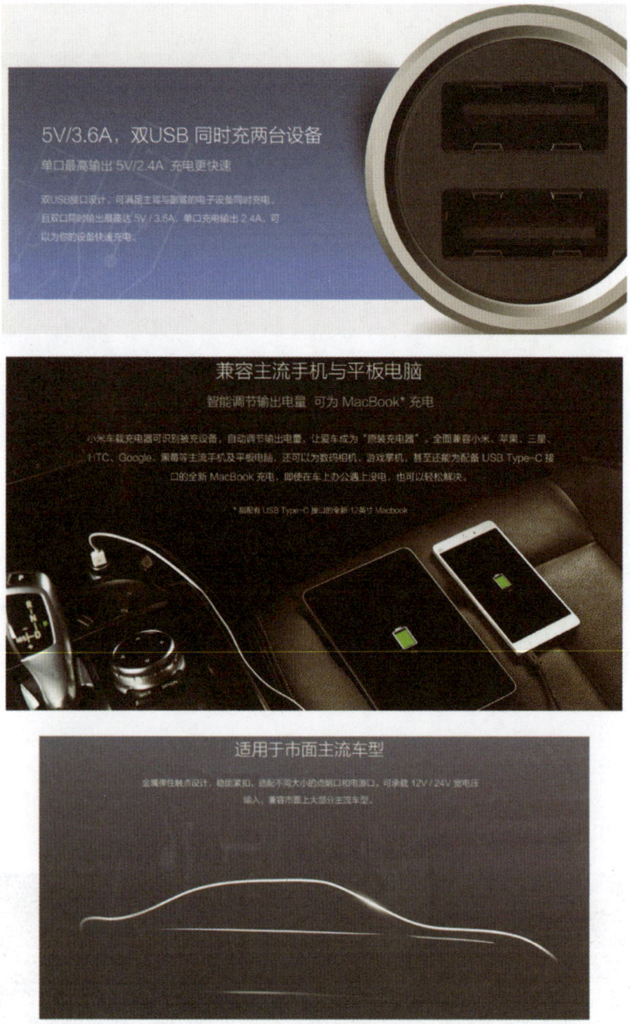

图1-10　车载充电器的第二段文案

第三段文案主要从三个方面进行介绍：首先说明了该款车载充电器智能输出方面的特点；其次着重说明了一个小细节，即手机发热问题；最后就是生活中的小细节了，通过场景法使消费者产生场景联想——在车上不用开灯就能轻松找到插口给手机充电，节省了开灯的时间，驾驶员也不用分心，保证安全驾驶，如图1-11所示。

图1-11　车载充电器的第三段文案

文案创作者除了要学习小米如何寻找商品卖点以外，还要学习他们对商品特性描述的准确表达。不管是商品介绍，还是活动规则，不管用多少笔墨，文案中都要准确地告诉消费者，商品能帮助他们做什么。

1.2.2　帮助消费者了解商品品牌形象

商品品牌形象策略，是指在广告宣传中通过表现消费者享用这种商品时的风度、形象或生活氛围，给人以心理冲击，从而吸引更多消费者的营销策略。当同类商品出现了大量不同的品牌之后，每种品牌的品质已经大同小异，在广告中很难强调自己的商品拥有某些别人不具备的特色，此时更需要强调品牌。

著名广告大师大卫·奥格威提出了品牌形象策略，就是使商品具有与其他商品不同的形象特征。奥格威认为：“一个产品如同一个人，应该有自己的形象。这个形象是由广告策划者根据产品的个性及其消费对象的审美情趣设计出来的。这个形象就是产品的个性，广告所推销的正是这种设计出来的形象。”因此，有时候消费者与其说是为了满足某种使用价值的需要而购买商品，倒不如说是为了享受该商品所表现出来的一种态度、一种追求、一种心理的愉悦和满足。

在电子商务中，许多商品也纷纷塑造出有自身特色的品牌形象。图1-12所示为某品牌设计的文案，该品牌以“你把不想示人的光芒，藏进了黑色里。”和“自由自在地思想，自由自在地瞎想，自由自在地少想。”为广告语，配以图片设计，打造出一位“文艺女青年”的品牌形象。

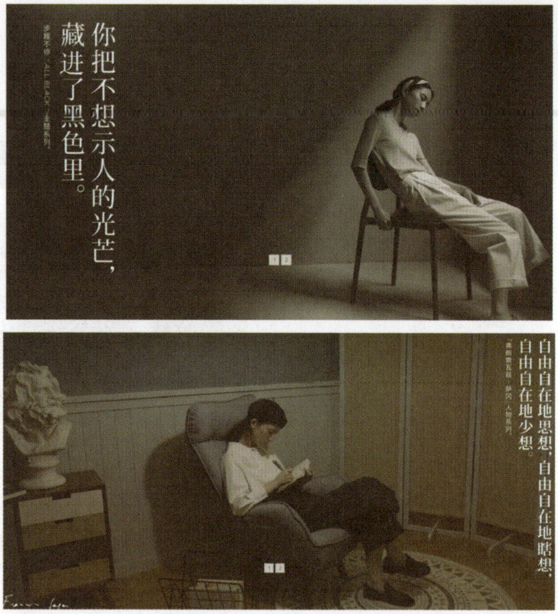

图1-12　品牌形象广告文案

1.2.3　满足消费者的购物心理

消费者的购物心理就是指消费者因为一定原因而产生购买行为的一系列心理活动。拥有不同购物习惯、不同购物心理的消费者会产生不同的购买行为。

有的消费者在购物时喜欢名贵的商品；有的消费者则喜欢购买价格便宜的实惠商品；有的消费者愿意尝试新鲜事物，追求时尚潮流；有的消费者则趋向保守，喜欢经典复古；有的消费者喜欢参照别人，倾向于购买名人同款；有的消费者则专门选择“不走寻常路”的个性化商品。不同的消费者会有不同的购物心理，对消费者的购物心理进行研究，可以帮助文案创作者更加准确地把握消费者的购买行为，撰写出符合消费者需求的电商文案。

常见的消费者购物心理包括八种，如图1-13所示。

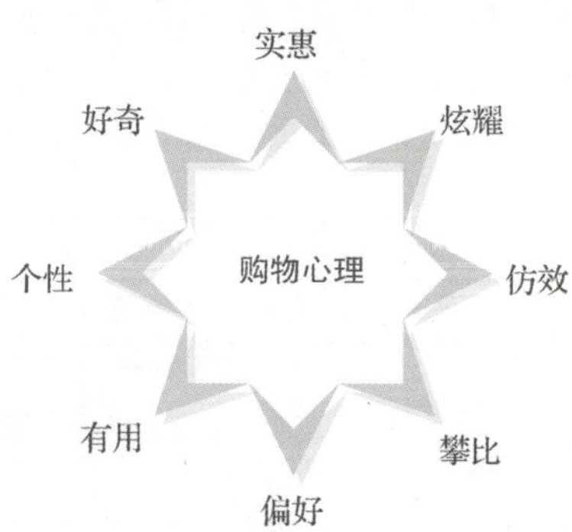

图1-13　常见的消费者购物心理

一条走心的电商文案背后，通常有一个非常厉害的、能洞察消费者内心的“心理专家”。所谓洞察，就是要发现消费者心底的秘密。洞察消费者内心的广告最能吸消费者的眼球。因此，文案创作者要善于抓住目标消费者所关心的利益点，把握其购物心理。通常来说，消费者对以下几种宣传内容会较为关注：自身经济利益、身体健康、儿童成长、安全感、美好享受、进取心、舒适感、提高工作效能、促进社交活动、激发自尊心和爱心、激发同情心等。

以某品牌血压计为例，其在文案中写道，“好的血压计，送给爱的人”“全自动一键式操作。小巧便捷，随时随地检测血压。为您和您的家人保驾护航。”，如图1-14所示。

图1-14　洞察消费者内心的电商文案

文案创作者就是要深入挖掘目标消费者的购物心理。随着人们的保健意识日益提高，越来越多的家庭关注日常血压的监测与控制。该文案抓住消费者的心理，从消费者关注家庭健康和老人健康的角度出发，为消费者推荐了这款能为全家人健康保驾护航的商品。

1.2.4　引起消费者的情感共鸣

当今是“注意力经济”时代，因此如何从各种新闻、广告、娱乐资讯等信息资源中争夺消费者的注意力，激起他们的好奇心，让他们愿意阅读商品文案，就成为电商文案创作者要思考的问题了。电商文案就像是一种产品，需要经过文案创作者的精心设计和仔细打磨才能获得目标消费者的关注，进而获得目标消费者的好感，促使消费者积极互动、主动转发，并最终达到营销的目的。

北京某旅行社的广告文案如下所示。

只要半平方米的价格，日韩新马泰都玩了一圈；

一两个平方米的价格，欧美也回来了；

下一步只好策划去埃及南非这些更为神奇的所在；

几年下来，全世界你都玩遍，可能还没花完一个厨房的价钱；

但是那时候，说不定你的世界观都已经变了。

生活在于经历，而不在于平方米；

富裕在于感悟，而不在于别墅。

此文案一出，就被各大文案网站、广告设计师以及文案创意从业者在各个社交网站进行转载。这篇文案充分利用了北京房价的问题，将高房价和旅行社优惠的价格进行比较，为目标消费者算了一笔“心动账”。

优秀的电商文案要能把握消费者的“痛点”，用创新的表达方式带动消费者的内心节奏，引起消费者的共鸣。电商文案是连接商品与消费者的桥梁，商品通过文案得以表达，消费者通过文案了解商品的相关信息。因此，文案创作者要担当起用文案赋予商品以生命力的使命，让消费者通过文案感知到商品的魅力和品牌形象。

方太抽油烟机从使用自己商品的一些用户身上找到了灵感。针对他们经常出没的场合、领域和他们喜欢的生活方式，提炼出一些创作关键词，然后结合方太智能星魔方油烟机这款商品的功能特点，在广告里进行语境关联匹配。通过文案把油烟机的特性与目标消费者的个性呼应起来，让消费者感觉这款商品是“懂我的”。这些简单有情怀的文案直击消费者的“痛点”，引发其共鸣。方太抽油烟机的广告文案如图1-15所示。

图1-15　引发消费者共鸣的广告文案

图1-15　引发消费者共鸣的广告文案（续）

此外，还可以将消费者的喜好与商品的特点联系起来。文案创作者要了解自己的商品，掌握自己商品的优势和劣势，知道自己商品的主要价值，然后从中挑出消费者最感兴趣的部分，进行加工提炼，最后打造出直指消费者“痛点”的文案。例如，林氏木业推出“职女节”，开展了“关爱职场女性”的活动，呼吁社会更多的人关注和关爱职场女性身心健康。“职女节”以职场女性为目标消费群体，倡导职场女性“与其迎合，不如出众”的理念，激励职场女性既要职场干得漂亮，又要日子过得精致，将消费者的需求与商品结合起来，从而引起消费者的共鸣。

林氏木业的电商广告文案如图1-16所示。

图1-16　将消费者的“痛点”与商品特点结合起来

又如，某款蚕丝被“被治愈物语”系列文案，如图1-17所示。

“三年的爱情扑了个空，但愿一觉醒来就能往事随风。”

“一千五百方的办公室压得喘不过气，摔进被子里才松一口气。”

“心心念念他在多远的未来，睡好美容觉，会来的总会来。”

“他怕热，我怕冷，幸好被子里不分春夏秋冬。”

“看着小负担的甜睡模样，舍不得他承受多一点点的重量。”

“重返职场竟比十年前还忐忑，好在软软的被子让我安心入睡。”

乍看这组治愈系的文案，很难想象这能跟被子有什么关联。当其他蚕丝被还在为到底什么是“真蚕丝”争得面红耳赤的时候，该品牌则换了个角度，从挖掘消费者的情感需求出发，用一场温暖人心的“被治愈物语”，诠释出一条被子应有的温度。

该品牌的主要消费群体是30岁左右的女性，她们承担着家庭与事业的双重压力，更需要良好的睡眠保持健康的身心。因此，该品牌将目标锁定在了这些女性身上，通过回顾她们在人生不同阶段的睡眠与成长，唤醒她们关于被子的温暖记忆。

从失恋到职场压力，从渴望爱情的单身生活到拥有爱情的两口之家，从初为人母到重返职场，每一个人生阶段都是目标消费群体亲身经历的过程，而商品蚕丝被在这些过程中始终相伴，让消费者意识到购买一床好被子是多么有必要。这个系列的文案将蚕丝被转化为一种陪伴消费者成长的心灵伴侣，而消费者在阅读整个广告文案的过程中，就像是在与一位“闺蜜”畅聊生活，互相安慰鼓励。

图1-17　某品牌蚕丝被“被治愈物语”系列文案

图1-17　某品牌蚕丝被“被治愈物语”系列文案（续）

1.3 消费者喜欢什么样的电商文案

如同得体的衣衫能彰显一个人的修养与魅力一样，优秀的文案所蕴含的创意在很大程度上支配着消费者的购买决心。当广告中的文字、画面、音乐与消费者产生情投意合的交流时，文案创作者的广告创作便能将商品的魅力表达出来，产生惊人的销售力。可见，电商文案创作的目的就是让消费者喜欢。那么，消费者究竟喜欢什么样的电商文案呢？

1.3.1 不像广告的电商文案

在广告满天飞的时代，如果文案创作者还在努力地写广告，那么就要被淘汰。因为如果商品文案广告意味太浓，那么即便文案的辞藻再花哨也无法得到消费者的认可，最终商品自然无人问津，甚至让人避之唯恐不及。所以文案创作者要试着避免写出“广告”，或者至少尽量让自己所宣传的商品或服务看起来与众不同。

一块抄作业的哥们已经有了小孩

一块谈理想的上铺丰满得只剩身材

我的日子一直不好不坏

要不从明天开始关心粮食蔬菜？

看到这样的电商文案，相信许多人在阅读后深感它说出了自己的心声，愿意参与互动。这篇文案是网易新闻联合饿了么推出的丧茶文案，通过赋予商品的个性化，迎合消费者的负面情绪，把生活中那些不如意的事写成文案，以此引起消费者的共鸣。

人们总是对新鲜的事物感兴趣，任何一样东西看久了都会觉得腻，因此文案创作者要经常创新思维，给文案增添新的元素。在抢夺受众注意力的战场上，只有那些创意新颖、能让消费者愿意阅读下去的文案才能让人产生分享和传播的欲望。例如，网易新闻和饿了么策划的丧茶活动，如图1-18所示。在这种情境下，丧不是喜的对立面，因为这种丧中有一种清醒、一种沉重的幽默。

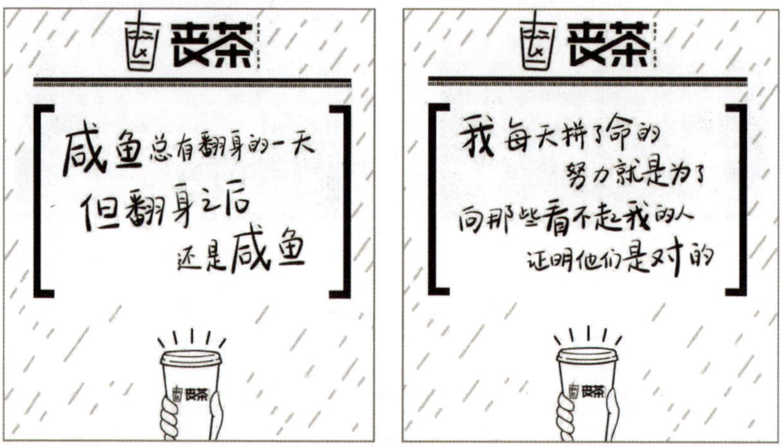

图1-18 创意新颖的丧茶电商文案

例如，某款电商品牌的核桃枣在其文案中写道：

幸福趁“枣”“核”你分享

孝顺要趁“枣”，健健康康陪你到老

表白要趁“枣”，真真切切知道你对她的好

关心要趁“枣”，伴手好礼，分享更味美

暖心要趁“枣”，时时刻刻把精力填充

在这个文案中，撰写者将红枣的“枣”、核桃的“核”两字进行了谐音联想，不禁让消费者在阅读时感慨其构思巧妙，既突出了核桃枣的商品，又用感性诉求的方式直击消费者的内心，促成购买行动。

1.3.2 具有权威性的电商文案

人们都有相信专家、追随名人的心理，因此文案创作者可以抓住人们的这种心理，写出一个激发消费者信任感的权威性文案。对消费者来说，他们不会轻易购买自己不了解、没有把握的商品，这时如果有某位行家的评价，那么消费者往往会深信不疑。既然人人都信权威，那么文案创作者在写文案的时候也不妨借助权威人士来增强文案的说服力。

图1-19所示为某药妆品牌的电商文案，其中写道“尖端药妆科研团队，技术值得信赖”，借助权威机构和团队，增强了该商品的可信任感。

图1-19 权威性的电商文案

名人往往被大众所关注，无论是他们的工作还是生活，甚至是他们一个小小的兴趣爱好都能得到普通大众的关注。明星效应在任何社交媒体上都是极其有效的，因为好奇心始终长存于人性之中。明星在社交媒体上的一句话、一张图，哪怕只是一个表情，都能引起其粉丝的关注。电商品牌roseonly就通过与明星合作，巧妙地植入广告，再通过微博宣传造势，进而引起众多明星粉丝的关注和购买，如图1-20所示。

图1-20　明星效应式电商文案

无论是借力专业人士还是明星名人，文案创作者要懂得借“权威”之口发声，吸引消费者的关注。

1.3.3　用最少的字写出最经典的文案

我们常说“大繁至简，返璞归真”，将这句话应用在文案创作上，就是要求文案在文字语言的使用上要简明扼要、精练概括。首先，要以尽可能少的语言和文字表达出商品的精髓；其次，要摒弃任何无用的、与商品无关的信息，以实现有效的信息传播；最后，分清主次，抓住重点。

20世纪30年代著名的建筑师路德维希·密斯·凡德罗说，“Less is more”，意思是“少即多”。这是一种提倡简单、反对过度装饰的设计理念。在他看来，简单的东西往往会带给人更多的享受。

电商文案提倡简明扼要，主要是因为两个方面的原因。一方面，简单的内容比较容易记忆。现在的人都很忙碌，网上店铺又很多，人们没有时间和精力去仔细阅读长文案，所以电商文案一定要简洁，能用一个字概括的绝对不用两个字。

另一方面，简单是对付混乱的有效方法。要想让自己的文案在眼花缭乱的文案中脱颖而出，有时使用简明扼要的文案创作思路反而会更有优势，毕竟干扰越少则诉求力越强。新加坡作家尼尔·弗伦奇建议：“你的下一个广告，简化到只剩一样东西。有时只是一个标题，有时则是一个图像。无论怎样，都是只剩一样东西。你往广告结构中加的每一个元素，都会削减其他元素的重要性；相反，你删减掉的每一个元素，都会提升别的东西的可看性与重要性。”

例如，兰蔻拒绝毫无新意的程式化文案，拒绝了无生趣的模式化配图，不走寻常路，文案言简意赅却又直击人心，以插画的形式配以简明扼要的文字，一针见血地突出了商品的特点，如图1-21所示。

图1-21　言简意赅的短电商文案

总之一句话，文案的撰写，并不是一件简单的事，并不是文笔好就能把这份工作做好，因为文字功底只是创作好文案的基本要求。一般来说，文案不需要华丽惊人的辞藻，而是要求最后总结出来的文字能直击主题，并具有点石成金的作用。只要文案抓住了商品的核心关键点，再以简洁的文字简述核心，就能为商品起到锦上添花的作用。

1.4 电商文案创作的四种经典模式

虽然说电商文案创作无定法，但对那些没有写作经验的文案创作新手来说，他们必须清楚一些文案创作模式，这样才不至于在写作时感觉无从下手。下面介绍四种经典的文案创作模式，即元素组合法、头脑风暴法、九宫格思考法和五步创意法，以让文案创作新手在写作时有章可循。

1.4.1 元素组合法

美国广告创意学者詹姆斯·韦伯·扬在《产生创意的方法》一书中给创意下了定义，即创意是旧元素的新组合。元素组合法就是据此来实现的一种创意思维方法，具体来说，就是不同元素的组合常常能带来意想不到的创意。

在进行文案创作时，元素组合法要求文案创作者根据文案的主题目标，先随机填写一些关键词（元素），然后把这些关键词与商品或服务进行联想，看看它们能否搭配出一些全新的创意。图1-22所示为元素组合法的创作公式，在下图空格处填写元素及元素组合后的新创意想法。

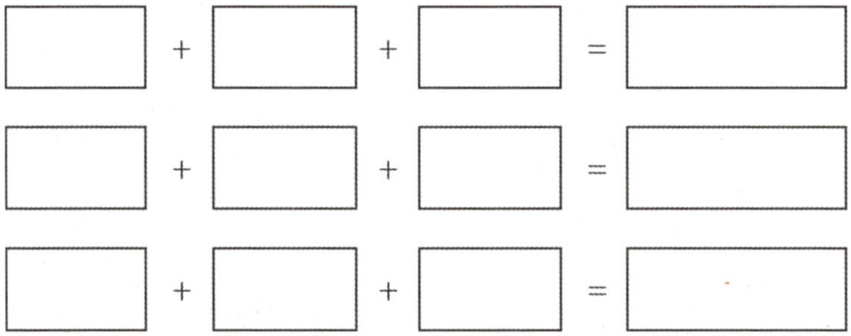

图1-22　元素组合法的创作公式

例如，某糖果公司要撰写以圣诞节为主题的文案，如果运用元素组合法，就需要在上述公式中前面的三个空格中随机填上三个关键词，然后把三种事物与“糖果”联系起来进行联想，将最终的结果填写在最后一个空格中。假如我们在前面的三个空格中填上了“雪花”“圣诞树”“雨伞”，那么我们将这些关键词与“糖果”联系起来，最终在最右侧的空格中填上“下雪的圣诞夜，我们撑着雨伞去购买圣诞树和糖果”等，如图1-23所示。

图1-23　以“圣诞节”为主题的元素组合法的应用

1.4.2　头脑风暴法

头脑风暴法又称脑力激荡法，是由美国BBDO广告公司亚历克斯·奥斯本提出的一种开发创造能力的集体训练法。头脑风暴法的目的在于产生新观念或激发新创意，这种方法有利于激发人的创新思维。在不受任何限制的情况下，集体讨论问题能激发人的想象、热情以及竞争意识。人人自由发言、相互影响、相互感染，能形成思维热潮。突破固有观念的束缚，最大限度地发挥人们创造性的思维能力。

头脑风暴法坚持以团队的方式合作，正所谓“集思广益”。文案创作者应该多参与团队的讨论活动，积极学习他人的思考方法，这将有助于开发思维模式，切勿闭门造车。利用头脑风暴法创作文案，不仅能创作出好的文案作品，而且效率较高。

头脑风暴法的实施要点包括五点，如表1-1所示。

表 1-1　头脑风暴法的实施要点

实施步骤	实施要点
会前准备	①会议要明确主题，会议主题要提前通报给与会人员，让与会人员有一定准备； ②选好主持人，主持人要熟悉并掌握该技法的要点和操作要素，摸清主题现状和发展趋势； ③参与者要有一定的训练基础，懂得该会议提倡的原则和方法
参加人数	参加人数一般为 4 ～ 15 人（最佳构成人数为 6 ～ 10 人），课堂教学也可以“班”“组”为单位，最好由不同专业或不同岗位的工作者组成
会议时长	会议时间控制在 1 小时左右
人员配置	①设主持人一名，主持人只主持会议，不评论设想； ②设记录员 1 ～ 2 人，要求认真将与会人员的每一设想不论好坏都完整地记录下来
会议要求	要求与会者自由畅谈，强调在有限时间内提出设想的数量越多越好，一般一次会议可得到几十至几百条新的文案创意设想

1.4.3　九宫格思考法

九宫格思考法又被称为曼陀罗联想法，它是一种有助于扩散性思维的思考策略，它利用一幅九宫格一样的图形，首先将主题写在图的中央，然后把由主题所引发的各种想法或联想写在外部其余的格子中，让思维向剩余的八个方向去扩散，这样就可以产生八种不同的创意，其思维方式如图1-24所示。

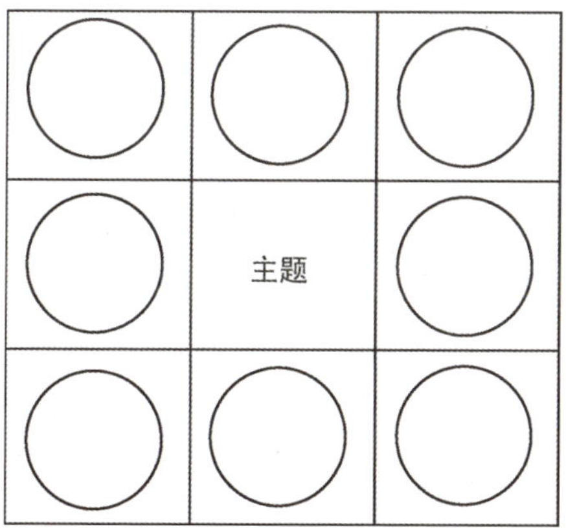

图1-24　九宫格思考法

九宫格思考法的最终目标是为思维提供一个有效率的行动指引工具，因此要求有一个能够体现实际需求的核心主题，且这个主题要具有一定的可行性。

九宫格思考法具体的操作步骤分为三步。

第一步，在纸上用笔画出一个九宫格（见图1-24），将主题（商品名等）写在正中间的位置。

第二步，将与主题相关的联想的关键词写在旁边任意一个格子内，尽量用直觉思考，不要刻意追求所谓的“正确”答案。需要注意的是，只要是围绕主题产生的联想都可以填写，为了使九宫格尽量表达清晰且易懂，应尽量使用简单明了的词语进行描述。

第三步，尽量扩充8个格子的内容，鼓励反复思考，自我辩证，但无需给自己压力，非得在短时间内就完成，也可以后续再对之前写下的内容进行修改补充。第一次填写的九宫格可能会存在逻辑不正确、点子不适合等问题，此时只要重新思考整理，建立更好的九宫格模型就可以。

8个方格填不满或不够用都没关系，可以对其进行无限制的修改，直到满意为止。九宫格中的每一项都可以再进行细分，再列出来另一个九宫格，这样文案创作者就可以把单项部分再一一理清楚，从而得到细致的内容。最后，根据分析，强化其中一个最值得突出的卖点向消费者进行介绍，撰写文案。

例如，图1-25所示为以某款加湿器为例运用九宫格思考法来撰写文案。先将主题“加湿器”放置在九宫格最中心的位置，分析后发现该商品具有以下功能：体积小、恒温、大容量、静音、除菌、3档雾量、12小时定时、360° 出雾模式。于是，文案创作者将这8种功能依次列入格子中，在创作文案的时候就可以围绕这些功能来展开，其中该商品所具有的比其他同类商品更好的功能就可以作为核心卖点来进行突出。

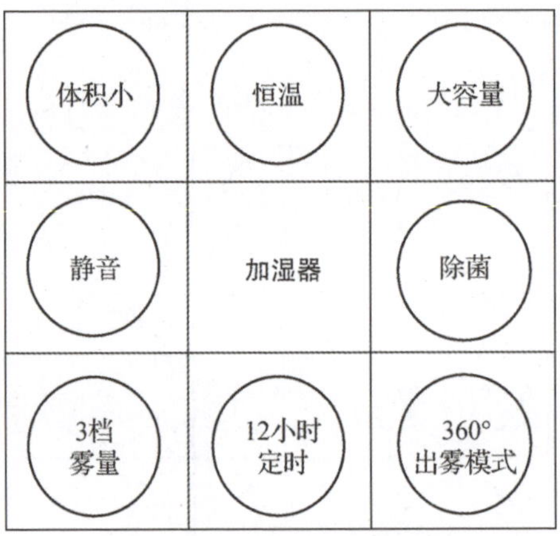

图1-25 九宫格思考法案例

1.4.4 五步创意法

心理学家洛万和斯坦林兹创造了五步创意法，他们认为：“任何两个概念，哪怕它们相隔甚远，但只要经过四步、五步，最多六步，就能构成联想关系。”对此，他们举了这样一个典型例子——木质与足球，其联想关系如下：木质→树林→田野→球场→足球。这种五步创意法体现了一种非常规的思维，可以把不相关的两个概念联系起来，只要这种联系是自然的、合理的，这样的思维也就是成功的。

为两个概念建立联想关系并不难，难的是文案创作者所设计的联想关系是否别致，如果其联想没有任何独到之处，那么就会流于平庸。例如，让“获奖”与“知不足才能进步”取得联系，如果文案创作者想到的是：获奖→①我的书法作品→②展览会上的书法作品→③大家都称赞其他人的一幅书法作品→④只有一人称赞我的作品→⑤原来获奖的是他→知不足才能进步。则会显得过于平庸，也有些粗糙。因为第一步和第二步联想，都有“书法作品”的概念，因此本质上没有建立什么联想关系，这就是平庸的联想。而且“知不足才能进步”是“我”自己说的，根本不具有说服力。联想法以“曲”为贵，而上面这个联想以某一事件为线，平铺直叙下来，当然就会显得平庸。所以，文案创作者在联想的时候，一定要放空自己的大脑，用一种新的视角去看待自己所描述的东西。

对此，詹姆斯·韦伯·杨提出了五步创意法，其步骤如图1-26所示。

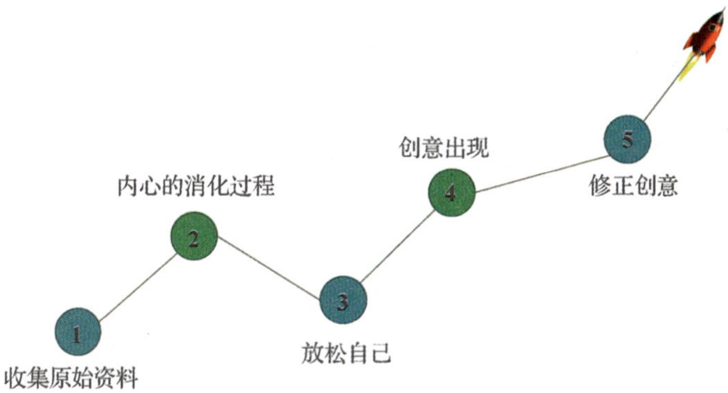

图1-26　詹姆斯·韦伯·杨的五步创意法

利用五步创意法时，文案创作者要对自己将要描述的事物做相容关系、相关关系、相似关系、相对关系以及无关关系等联想。例如，有人看到“一辆高速车”，他能想到什么呢?

（1）相容关系（A包含B），此人可能想到车型、车灯、玻璃、牌照等。

（2）相关关系（A与B有直接或间接关系），此人可能想到红绿灯、加油站等。

（3）相似关系（A与B在某一方面相似），此人可能想到奔腾芯片、绕口令等。

（4）相对关系（A与B在某一个方面相对或相反），此人可能想到乌龟、孕妇等。

（5）无关关系（A与B无关），此人可能想到熊猫、词典等。

课后练习题

1. 请列举你喜欢的两个电商文案，并分析它们抓住了你的哪些“痛点”。
2. 如果你要为某蓝牙耳机策划文案，该从哪些方面寻找商品卖点?
3. 请列举几个不像广告的电商文案，并说明它们好在哪里。

第2章 如何拟出有营销力的电商文案标题

学习目标

1. 了解电商文案常见的几种标题的类型。
2. 掌握撰写让消费者感兴趣的标题的方法。
3. 掌握如何避开惹人不快的标题的方法。

据统计，在网络购物中，10个人中约有8个人会读电商文案的标题，而只有2个人会读文案的正文。著名的广告前辈大卫·奥格威也曾说过："阅读标题的人数是阅读正文人数的5倍。除非你的标题能帮助你出售自己的产品，否则你就浪费了90%的金钱。"可见，标题是电商文案的灵魂。一个好的电商文案标题，能瞬间吸引消费者的关注，勾起他们对文案的好奇心和阅读的欲望。

2.1 几种常见的电商文案标题

要想写好文案，就要先写好标题，标题是文案的广告，是决定文案能否在第一时间抓住消费者眼球的关键，好的标题是一个吸引消费者注意力并让他顺势阅读的"好奇心缺口"。那么，如何才能写出勾人的文案标题呢？以下就来分享几类文案标题的写作方法。

2.1.1 颂扬式标题

颂扬式标题是指用正面、积极的态度，在标题上直接称赞商品。这类标题很容易给消费者留下良好的印象，它基于商品或服务的特征、功能等对商品或服务进行适当的、合理的称赞，以突出商品或服务的优点。例如，某按摩椅的文案标题为"按摩半小时，轻松一整天"，还有华为手机用"高颜值 爱自拍"做标题，直接颂扬了商品的独特优势，给消费者留下深刻印象，如图2-1所示。

图2-1　颂扬式标题

2.1.2　提问式标题

提问式标题的目的是为了启发消费者思考，通过提出问题引起消费者的关注，从而促使消费者对商品或服务产生兴趣，或者受到启发并产生共鸣。图2-2所示为一款面膜的文案，其标题“您的肌肤是否面临这些问题？”会引起消费者的关注和思考，从而产生购买冲动。提问式标题通常包含“为什么？”“如何？”“怎么办？”等字样，同时一定具备“？”标点，促使消费者在浏览标题时产生思考。

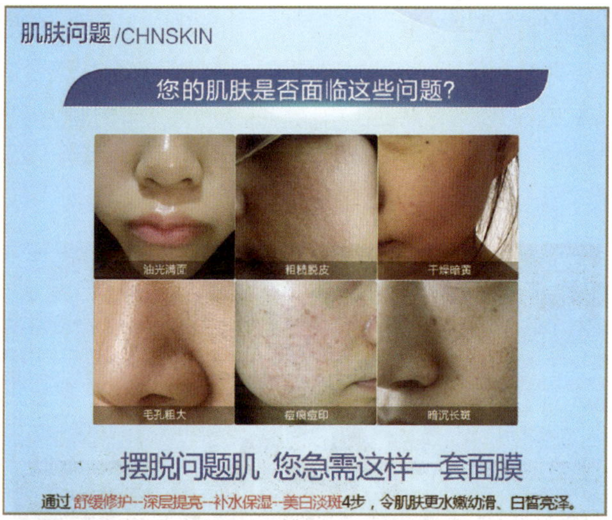

图2-2　提问式标题

2.1.3　宣事式标题

宣事式标题又称为直言式标题，是目前被较多使用的一种电商文案标题形式。其特点就是直观明了、实事求是，通过简明扼要地说明使人一目了然。这类标题的写法中规中矩，虽然新意不足，但胜在平实、自然。文案创作者在选用这种标题写作时，可以适当添加一些修饰性的或比较有新意的词语，以吸引消费者的注意。

图2-3所示的标题“老花眼镜 孝敬父母长辈”就属于宣事式标题。该眼镜网店用这样一个标题直截了当地说明这款商品是适合买来送给父母长辈的。

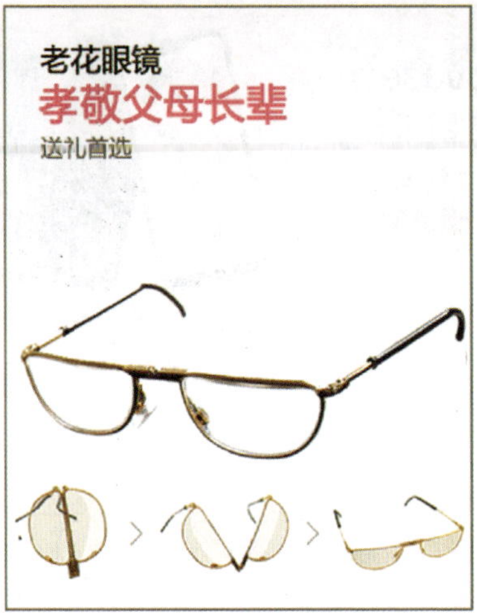

图2-3 宣事式标题

2.1.4 新闻式标题

新闻式标题主要以报道事实为主，因此这种标题比较正式。在撰写文案的过程中，新闻式标题或者是直接告诉消费者一件新近发生的有意义的事实，或者是介绍新上市的商品，目的在于引起消费者的注意，从而吸引他们继续阅读文案内容。从本质上来讲，新闻式标题与宣事式标题有一定相同之处。图2-4所示的TCL“新品首发 超薄运动曲面电视”就属于新闻式标题。

图2-4 新闻式标题

人们阅读新闻的目的是了解时事信息，人们会本能地对新事物以及自己周围发生的事情感兴趣。任何时候只要文案创作者能用新奇的方式表达出商品的好处，都能为文案额外增添一种非常吸引人的活力。新闻式标题可以十分简单，如前面介绍的案例只是宣传新品发布，有时也可以将商品与当前发生的新闻事件相结合，例如“注意：从即日起到周五，凭下面的优惠券在本店购买×××，本店将会把你所付费用的10%用于帮助贫困地区儿童。”

2.1.5 诉求式标题

诉求式标题是指通过宣传媒介向目标消费者诉说，以求达到商家期望的反应。简单来说，就是通过用劝勉、叮咛、希望等语气撰写标题，让消费者认同某个观点或说服消费者去做某件事情。

撰写诉求式标题有三种方式：一是主动地劝说或暗示消费者思考或做某件事；二是直接向消费者说明所推荐商品的某种用途或使用方法，以博取消费者的关心或共鸣，达到刺激消费者购买的目的；三是直接列出具有利益性的词语，增强标题的感染力。

图2-5所示为某款洗衣机的文案，其标题为“同等洁净 时间减半”，直接告诉消费者该商品的特点，以及消费者能从商品中获取的好处，很有吸引力。

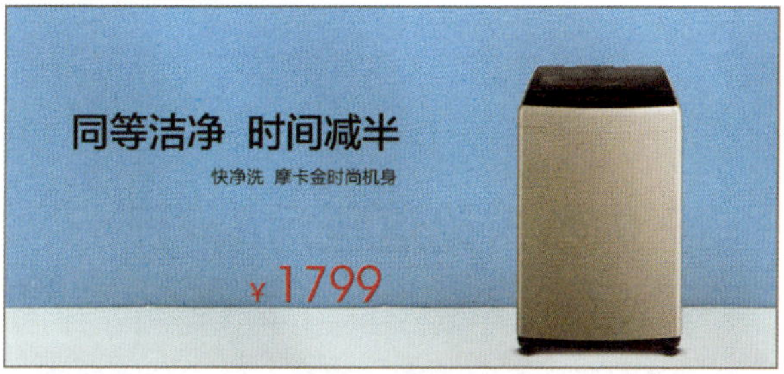

图2-5 诉求式标题

2.1.6 对比式标题

对比式标题通过与同类商品进行对比来突出自己商品的特点，加深消费者对本商品的认识。通过对比，可以让自己商品的性质、状态、特征更加鲜明突出。

某淘宝店铺主营各类滑板，其文案标题“滑板还是选非常的好！”就是一种对比式的标题，如图2-6所示。

2.1.7 恐吓式标题

恐吓式标题通过恐吓的手法来吸引消费者的注意，特别是对于具有相同症状或心里有某种担忧的消费者来说，这种恐吓式标题往往更容易引起他们的共鸣。采用这种标题可以有一定的夸张，但也应以事实为依据，不能扭曲事实，要通过陈述某一事实引导消费者意识到他可能面临的危险，从而让其产生一种危机感。

图2-7所示为某款空气净化器的文案，在人们普遍对外部空气污染产生忧虑时，文案引发了消费者对室内空气污染的担忧：“空气污染严重，你看得见这些污染吗？”“待在室内就很安全吗？”，以一种“恐吓”的态度引发消费者的忧虑，进而让消费者对后续的商品介绍产生兴趣。

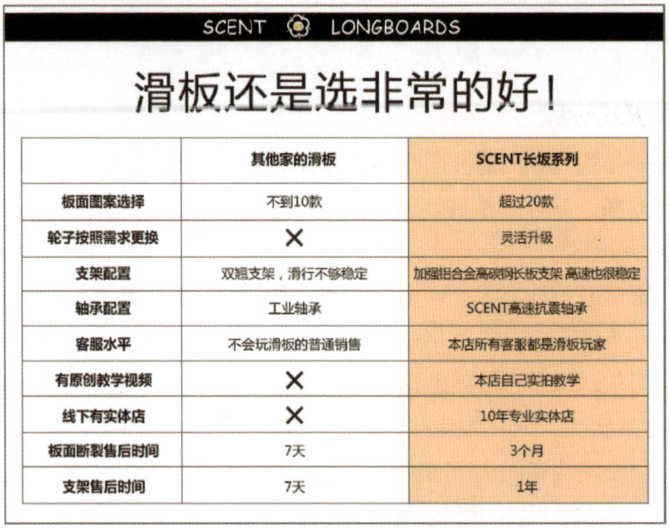

	其他家的滑板	SCENT长坂系列
板面图案选择	不到10款	超过20款
轮子按照需求更换	✕	灵活升级
支架配置	双翘支架，滑行不够稳定	加强铝合金高碳钢长板支架 高速也很稳定
轴承配置	工业轴承	SCENT高速抗震轴承
客服水平	不会玩滑板的普通销售	本店所有客服都是滑板玩家
有原创教学视频	✕	本店自己实拍教学
线下有实体店	✕	10年专业实体店
板面断裂售后时间	7天	3个月
支架售后时间	7天	1年

图2-6　对比式标题

图2-7　恐吓式标题

2.1.8　悬念式标题

好奇心是人的本能，如果一条精心构筑的标题能激起消费者足够的好奇心，也就很容易激发其继续阅读下去。悬念式标题的重点就是激发人们的好奇心，具体来说就是在标题中设置一个悬念，吸引消费者的注意，诱发消费者产生追根究底的心理，使其在寻求答案的过程中不自觉地对商品产生兴趣。

图2-8所示为华为新品手机的推广文案，它通过提出一系列手机经常出现的问题，让消费者对新品产生好奇，激起他们对新品的关注，进而使他们对品牌产生好感。

图2-8 悬念式标题

在选用悬念式标题时，要将事实与悬念的线索相匹配，做到融会贯通；此外，标题内容一定要是新近发生的事情；最后，悬念的设置要简明而单一，要把握好悬念的度，既不要使用太过“暴露”的话来提示消费者，也不要“隐藏”得太深，故弄玄虚。

2.2 写出让消费者感兴趣的标题

如果一则好文案满分是十分，那么好的标题可以值七分。一个好的标题，可以是行业真实视角的审视，可以是犀利的言语，可以是来自大众心中的疑问，还可以源于消费者的猎奇心理。无论文案创作者从哪方面着手，优秀的标题都应源自对消费者的深刻洞察。只有能深刻洞察消费者心理的标题，才能让消费者心有所感。

2.2.1 文案标题要有灵魂

纵观那些新闻头条，它们都有一个共同点，那就是有一个诱人的标题。例如，“人民日报：余额宝为什么限购‘瘦身’”。余额宝限购是某段时间比较热门的话题，人们看到这样的标题，会忍不住点进去看看。而如果消费者看到“××商品风靡网络，月销一亿，欢迎来咨询”这样一个标题，肯定会认为这样的标题太直接，也没有实质内容。商品就是月销再多，对消费者来说也没有什么影响，这样的标题很难吸引消费者的眼球，所以像这类没有灵魂的标题是失败的标题。

标题的重要性毋庸置疑，它不仅是正文的高度浓缩，还要具备“上头条”的特性，可以说，标题是来自正文但又高于正文的。要创作出一个既能概括正文内容，又自带“上头条”属性的标题是很难的。文案创作者会担心标题的字太少导致意思传达不明，担心将意思都表达明白，标题又太长，担心标题太正经了显得无趣，担心追热点会落俗，更别提让标题同时承担吸引流量、提升品牌、促进营销的任务了。因此，学习写作有灵魂的文案标题十分重要。

一个有灵魂的文案标题具有以下几个特性，如图2-9所示。

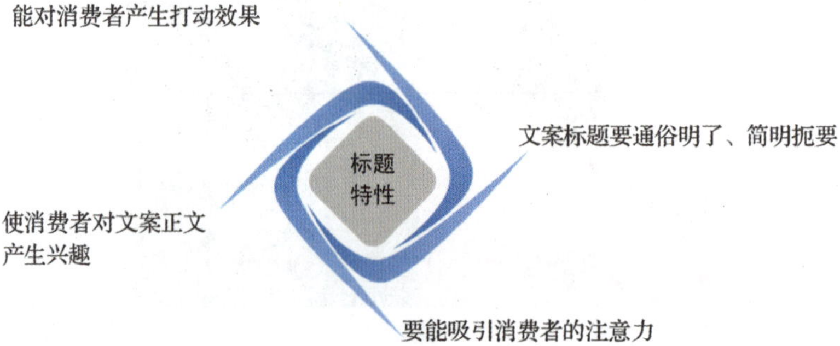

图2-9　有灵魂的文案标题的特性

1. 能对消费者产生打动效果

好标题要想打动消费者，就要能给消费者明确的利益承诺，为消费者提供实际的好处。例如，“瓜子二手车，没有中间商赚差价！”这个标题中，表明商品给消费者的好处就是“价格透明”。图2-10所示为兰蔻品牌化妆品文案，其标题为“年轻，从这一瓶开始”，在标题中明确突出了商品的特点，突出了购买该商品后能带给消费者的好处。

图2-10　打动消费者的标题

2. 要能吸引消费者的注意力

好标题具有超强的吸引力，可以充分引起消费者的注意。只有先引起消费者的兴趣，才能牵着消费者阅读完文案正文。因为消费者在看到一篇长篇大论的文章时，他往往不会马上去看正文，而是像阅读报纸时先浏览一遍各个版面的新闻标题，先通过阅读标题来获取文案的概括内容。因此，文案的标题要能抓住消费者的注意力才是合格的文案。

在撰写文案标题时，一方面要使用具有吸引力的词汇，如“免费”“惊爆”“秘密”等；另一方面，要分析研究到底什么样的词汇对消费者具有吸引力。图2-11所示为海尔天猫旗舰店的营销文案，其标题为“恭喜你赶上了！抢1100元优惠+6期免息”，很容易打动欲购买空调的消费者。

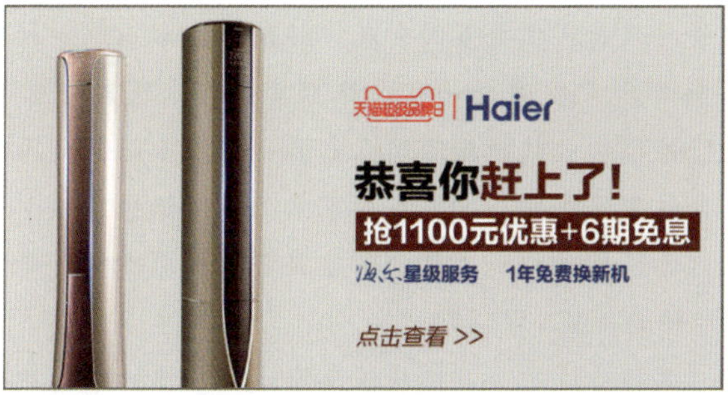

图2-11　吸引消费者注意力的标题

3. 使消费者对文案正文产生兴趣

一个好的标题其用语要能反映出商品的特质，能在第一时间吸引消费者的关注，吊起他们阅读文案正文的胃口。

标题要为即将展开的正文内容做铺垫。好标题能在消费者点击网页后瞬间吸引住他们的眼球，并让消费者对商品产生兴趣，让他们愿意花时间来阅读文案正文。

图2-12所示为某款沐浴露的标题“英国皇室御用品牌 滴露沐浴露”，突出商品的品质，使欲购买沐浴露的消费者产生对后续阅读的兴趣。

图2-12　引发消费者继续阅读的标题

4. 文案标题要通俗明了、简明扼要

文案标题不能太长，否则容易让消费者产生冗余、沉闷的感觉，使其没有耐心去阅读，更别说进一步阅读文案正文了，这也就无法发挥标题的正常作用。

在创作标题时要尽量通俗明了，避免使用生僻词汇及晦涩难懂的词语，如果消费者都看不懂标题，又如何进行后续的阅读呢？

松下电冰箱曾做过下面这样一个标题为“电冰箱再袭击”的长文案。

电冰箱再袭击

连续三天，她早上打开冰箱，里面竟然空无一物，昨晚从超市买回的一大堆食物都不翼而飞了，只剩散乱一地的包装纸。她开始怀疑有附近的流浪汉闯入家中，但她没有报警，只是买了更多的食物，睡前仍把冰箱重重封锁，这下该万无一失了，不料隔天发现又被洗劫一空。她不禁怀疑冰箱监守自盗，偷吃她的食物，不过这个可能性很快就被她排除了，就算她拔掉冰箱的电源，同样的事故照样发生了。第七天她决定报警，警察在她家装上了摄像机，终于抓到了偷吃食物的窃贼，就是她自己，她每天晚上梦游到冰箱前狼吞虎咽吃光食物，然后心满意足地回到床上继续她的美梦。

接受治疗时，医师告诉她：“你应该感谢冰箱，你的冰箱在夜里静静地填补了你白天的空虚和不满。”

这篇文案角度非常独特，回到标题，我们不难发现，恰恰是“电冰箱再袭击”这样的一个简明扼要的标题既突出了商品（电冰箱），同时也吸引了无数人继续阅读正文。

再如苹果的“Apple Watch”，其标题仅仅使用了六个字“更自由 更来电”，却非常精准地点明了该商品的核心卖点，如图2-13所示。

图2-13　简明扼要的标题

研究结果表明，标题越短，阅读量越多，标题词数与阅读比例之间的关系详见表2-1。

表 2-1　标题词数与阅读比例的关系

标题词数	阅读比例
3 个以内	87.3%
4 ～ 6 个	86.3%
7 ～ 9 个	84%
10 ～ 12 个	82.5%
13 个及以上	77.9%

在这项研究中，最短的标题的阅读比例比最长的标题的阅读比例高1/7左右。超过12个词语的标题，其阅读量下降是很多的。

当然，在削减文案标题的词语之前，也要明白，写得好的长标题，也可以达到非常好的效果。同样，并非所有的短标题都能达到很好的效果，只有3个词的标题可能会有更多的人阅读，因为它读起来省时省力，但是这并意味着这个标题中所使用的词语是恰当的。因此，要在标题中指出商品最大的好处。总体来说，如果你能写出两个效果同样好的标题，在其他变量都相同的情况下，比较短的那个可能会被更多人读到。

2.2.2　给出消费者最想要的数据

电子商务中充满了各种数据，从“9.9元包邮”到“19.9元最后2小时”，从“线上销量30000件”到“全网销量NO.1”，从“直降100元”到“立减60元”，几乎可以说“无数据，不文案”。

数字和数据代表的是精确、权威、客观和专业，其中数据不单是数字，也可以是文字、图表、声音等。在标题中加入数字和数据不仅能很快地让商品在消费者面前建立可信度，还能以一种丰满有力的、有冲击力的方式迅速准确地抓住消费者的注意力。而运用数字和数据，并不是简单地罗列数据，而是要“事出有因”，描述要有理有据，这样文案标题才能获得消费者的好感和信任。

好的文案标题不仅要带有冲击力，有时还要能给人一种紧迫感，例如，“天猫双十一，全场五折”“新品88元，超低价，限量发售”“亏本甩卖，最后一天！”这几个标题在使用数据向消费者传达巨大优惠冲击的同时，又用“双十一”“限量发售”“最后一天”等词给消费者营造了一种紧迫感。

数字和数据的重要性毋庸置疑，很多文案创作者也知道这一点，他们也在文案标题中用到了数字和数据，但有的人写出的文案标题却不能让消费者眼前一亮，例如，有的文案创作者在文案标题写道“××，省钱20%”，这确实用到了数据，不过还不够到位。干巴巴的数字很难让人信服并产生价值联想，而且“省钱20%”到底是省多少钱？是打8折还是打3折？所以，这样的文案标题非但没有让消费者感觉商品打了折扣，还给他们留下了一系列的疑问，增加了他们的疑虑。

文案标题中的数字和数据不能牵强附会，写的数字和数据要有冲击力，而且要抓住消费者的心思，给出消费者最想要的数据。

在电商文案标题中，应根据自己销售的商品的类型，在文案标题中将数据信息尽可能地介绍清楚。数字能给人带来最直观的感受，它既能剖析商品特性，还能增加文案的真实性。图2-14所示为小米的文案，“8天超长待机，137g轻巧机身”，直接用数字表现了该商品性价比高、手感轻巧等特征。

图2-14　列数据式电商文案

消费者通常对数字十分敏感，但有时又没有具体的概念。因此，文案创作者在列数据时可以尝试将空洞的数据转化为形象的、可以被感知的数字。例如，经典的奶茶文案“1年卖出7亿多杯，连起来可绕地球两圈”，就让大家具象化地感知到该品牌奶茶的销量之多。图2-15所示为某款空调的商品文案，为了让消费者直观了解该商品1.5L/h的超大除湿特点，文案中将1.5L转化为人们熟悉的500mL纯净水，以图的形式向消费者解释了他们不熟悉的数据内容。

图2-15　某空调的文案

数字和数据的魅力是巨大的，文案创作者在撰写文案时完全可以采用这种方法。如果选择用数字或数据来撰写文案，那所使用的数字或数据一定要能让人信服。文案创作者要想用数据取得消费者的信任，可以采用以下方法，如图2-16所示。

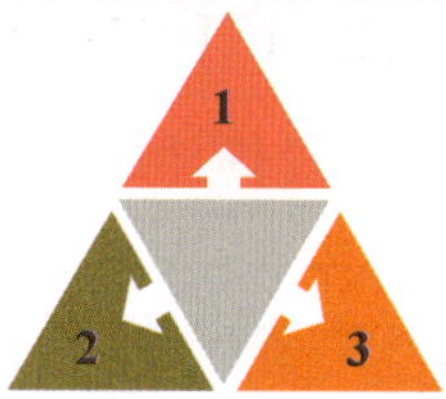

图2-16　利用数据创作文案的方法

1. 师出有名，引用权威

很多人都比较信任一些权威人士的看法。在撰写文案时，文案创作者可以通过使用一些权威部门或专家发布的专业数据增加文案的可信任度。例如，“根据世界银行的统计显示，家庭收入在GDP（国内生产总值）中的比例已经降到48%左右。”另外，还可以借助一些行业名人、专家的名人效应来增加文案的权威性。

2. 用客观个体，反权威

一则成功的案例胜过千言万语，通过个体的亲身经历得出的说法往往更具有说服力和感染力。例如，“南方妹子爆改北京50㎡暗宅！2㎡卫生间最终拥有大浴缸”这篇文案获得了不少点击量，由此可见，用客观个体“以身说法”的做法给人的印象十分深刻。

3. 文字类比，留联想空间

好的文案有时会给人留下一些联想，这也是优秀文案的高明之处。例如，“一个人也享团购价”，在大部分人的认知里，团购就等同于便宜，现在一个人也能享有团购价格，这无疑是一个比较诱人的折扣，用这种说法比高喊数字更具吸引力。

2.2.3　标题要个性

对于文案来说，标题的主要功能是引起消费者的注意，而引起注意是说服消费者信服文案内容或购买所宣传商品的第一步。耍噱头、卖弄文字或夸张吹捧都不是构成出色标题的要素。对于电商文案来说，一则好标题的精妙之处在于它能强化销售信息、加深消费者对商品的印象。

在媒介内容同质化时代，独特的个性化标题非常容易吸引消费者的注意。一个有力的标题，要么是直接描述新事物，要么是将读者听过的事物以一种全新的方式来呈现。因此，好的标题的写作要充满创意，不能平庸，要尽量做到与众不同。

例如，某款空气净化器创办人是三位父亲，结合品牌调性，其电商文案标题为“我爱你，呼吸为证”。这既与商品的功能相符合，又与品牌文化的特点相契合，且具有独特的个性，如图2-17所示。

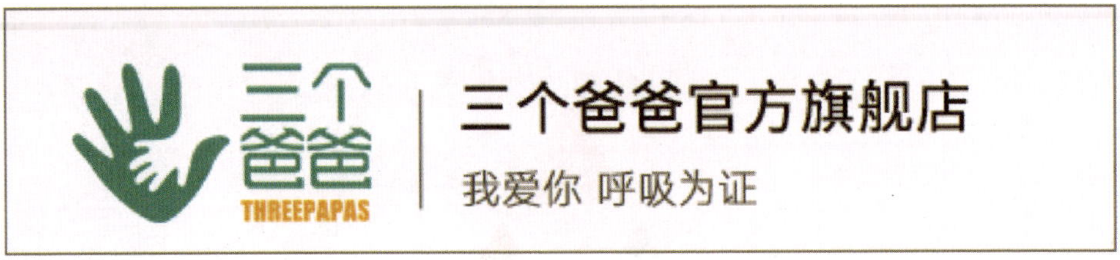

图2-17　三个爸爸的文案标题

如果想创作出个性、独特的电商文案标题，就要尽量多角度、多方式地进行创作，可以有疑问、有悬念、有恐吓……这样才能达到用标题激起消费者强烈的购买欲望，促使他们产生购买行为的目的。

2.2.4　借助最新热点事件

对于中小企业来说，各方面力量和影响都不太强，也没有太多的资金投入到文案推广中，因此就更要学会借势，借外界的力量来让自己的文案得到最广泛的传播。借势可以让广告的植入合情合理，十分应景。具体来说，借势又可以细分为三种方法。

1. 借名人

大多数人都会有名人情结，名人的任何事情都易被大众所关注。在进行文案撰写时，要学会利用名人效应，如果文中有关于名人的信息，一定要在标题中体现出来。即使文中没有与名人相关的直接信息，也可以想办法从其他角度利用名人的名气，如引用名人名言等，如“果壳网总编：我们利用这三点，把‘冷门’文章写出‘百万+’”“张小龙谈产品设计十大要素”“雷军：马云给我的三点启示”等，都是利用了这种技巧。

2. 借热点

以社会上的热点新闻、体育赛事、明星八卦等作为标题的创作素材，借助大众对社会热点的关注，引起大众对文案的关注，从而提高文案的点击率和阅读率。

文案创作者可以利用百度搜索风云榜、新浪微博、豆瓣等媒体网站来搜集最新的热点，并在撰写标题时巧妙地“搭便车”。例如，在清明到来之际，各大品牌都迅速发布了符合清明节气氛的宣传海报，借助了节日热点的标题如图2-18所示。

3. 借流行

在网络世界中，每隔一段时间就会出现一些新的流行词语，也就是我们常说的网络热词。在进行文案标题的撰写时，适当使用一些时下流行的网络热词在一定程度上可以吸引消费者的关注。例如，“比A4腰还靠谱的事实！真相永远只有一个！”借用了当时最流行的网络语言，传播效果很好。

图2-18　借热点的标题

2.3 避开惹人不快的标题

很多文案创作者花费了很多心思去撰写文案标题，却没有收到很好的效果。这是因为他们踩到了标题写作的“雷区”。因此，文案创作者在撰写文案标题时，要避免写出惹人不快的标题。

2.3.1　不做标题党

标题党是网络上一些利用各种与正文不相符的、颇具创意的标题吸引人们眼球，以达到吸引人点击的目的的网站管理者和网民的总称。其行为表现简单来说就是标题严重夸张，正文内容与标题完全无关或关系不大。

在电商领域中，有些文案的创作者也存在“标题党”的嫌疑，他们为了吸引消费者的注意不惜以过度夸张的说法甚至虚假信息来“骗”取消费者的点击。标题党虽然能在一定程度上提高文案的点击率和阅读率，但这就好比喊“狼来了”的孩子，也许第一次、第二次还管用，但后面就很难再得到消费者的信任了，就算消费者看到标题点击了进去，阅读后也不会将其分享出去，更糟糕的是这篇标题与内容严重不符的文案很可能会给电商品牌和企业带来严重的消极影响。

2.3.2　标题不能太啰唆、重复

研究表明，相对于长句来说，短句更有利于消费者的阅读和记忆，如下面的一些电商文案标题，它们每一句都很短，非常易于阅读。

这一定会发生。

减肥并不容易。

向IBM致敬。

因此，在写电商文案标题时，应多利用短句。啰唆的标题很招人烦，同时也会让文案显得没有重点，让消费者觉得阅读它就是在浪费时间。日常生活中也常出现这样的现象，例如，小卖部挂着一个牌子说："本店有新鲜牛肉出售，30元钱一斤。"其实，这句话只需要说"新鲜牛肉，30元一斤"就足够了。又如，饭店门口经常出现的招聘信息："本店诚聘业务人员，男女不限，吃苦耐劳优先，有意者请联系，电话：×××××××。"其实这里的"本店"和"有意者请联系"是多余的，删除之后会让信息显得更简洁，也更明确。

同理，在大多数电商文标题案中，消费者在乎的是文案告诉他们商品能带来的好处，其他的事情他们是根本不会关注的。为了不引起消费者的反感，文案创作者就要在标题中使用简单明了、直接明确的文字。

2.3.3 不能一个标题用到底

对于同质商品较多的店铺来说，尽量不要让所有的品牌商品都使用一样的标题。这样虽然比较省力，但会降低消费者对品牌的认知。因此，在创作文案的时候应该尽量避免使用同一个标题，而应根据不同商品的特点进行挖掘，为不同商品创作出具有独特个性的文案标题。

2.3.4 注意避开敏感词

一些卖家为了快速吸引消费者的注意，可能会在标题中添加博眼球的词。我国出台的《互联网广告管理暂行办法》以及《广告法》等中都明确了互联网广告制作及发布要求。而且电商平台本身就带有审查过滤功能，如果标题中含有违禁词、敏感词，整个标题将会被过滤掉，消费者就无法搜索到该文案了。"高仿""最高级""全网最低价""山寨"等词汇都属于此类的违禁词或敏感词。

课后练习题

1. 请列举几个常见的电商文案标题的案例。

2. 假设你要为一款护肤精油撰写推广文案，你该如何利用数据介绍该商品。

3. 搜索当前热点话题，并选择一件商品（如空调、空气净化器等），运用借势的方法为该商品撰写文案标题。

4. 回忆自己曾经阅读过的电商文案，并列举几个你不喜欢的标题，说说它们差在哪里。

第3章 如何写出视觉冲击力强的一句话文案

学习目标

1. 掌握一句话文案营销核心的表现方式。
2. 掌握提炼一句话文案的方法。
3. 掌握设计具有视觉冲击力图片的方法。

很多引人深思的广告语往往是字字珠玑，没有一点多余，它们总是一句话能把意思表达清楚的，决不用两句话；五个字能写好的，绝不用七个字来完成。著名广告人保罗·菲什洛克在谈文案的创作时说道："从现在起我就只写最少的字，用最简单、最明白，任何人都看得懂的文字创作文案。"文案只要抓住了商品的核心关键点，再以简洁的文字简述核心，就能成功。

3.1 一句话文案的营销核心

在当前这个被各种媒体信息充斥的时代，长篇大论的文案已很难再受到消费者的青睐，反而是"简洁"当道，谁能用简短的一句话拨动消费者的心弦，谁就能成为营销的最终胜者。

3.1.1 价值点+触动力

在现实生活中，有很多朗朗上口的广告文案都是一句话或不超过3句话，如"怕上火，就喝王老吉""特步，非一般的感觉""你的能量超乎你想象"等，堪称经典的广告文案。

它们没有使用华丽的辞藻胡乱堆砌，也不一味地追求诗一般的意境，而是求真、求朴实，在保证语句结构规整、语法正确的前提下，根据商品特点、消费者需求等因素进行创作，以一句话实现良好的营销效果。只有针对消费者需求（价值点）创造出来的意境（触动力），才能以一句话就打动消费者的心。

很多电商企业都会使用“价值点＋触动力”的方式进行一句话营销，将脍炙人口的广告文案深深印入消费者的脑海中，使他们过目不忘，回味良久，例如下面的几则文案。

别克 在别人喧嚣的时候安静，在众人安静的时候发声

红星二锅头 将所有一言难尽，一饮而尽

自然堂 你本来就很美

步履不停 只要步履不停，我们总会遇见

下厨房 南来或北往，愿为一人下厨房

通过“价值点＋触动力”示例，我们可以看出一个好的文案之所以能打动消费者，是因为这些文案可以让消费者在情感上与之产生共鸣，从而使得消费者认同并接受它，甚至主动传播它。

一个好的文案除了可以与消费者产生情感上的共鸣之外，还需要语句通顺，无生僻字，易发音，无不良歧义，具有流行语潜质，讲究文采。

3.1.2 一句话文案的创作

在电商领域，成功的一句话文案一般都具有三个特点，如图3-1所示。

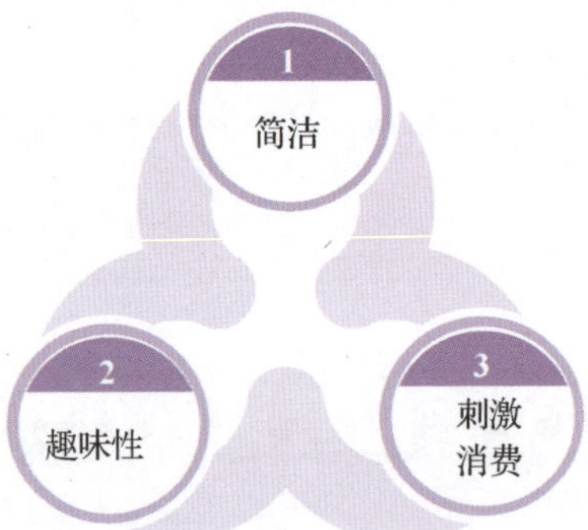

图3-1 一句话文案的特点

电商企业可以结合商品自身的特点、功能等因素来进行一句话文案的创作。下面来看几则电商一句话文案示例，看看电商企业是如何提炼一句话文案的，如图3-2所示。

图3-2 一句话文案示例

此文案是针对商品的目标消费人群进行创作的，直扣住房结构为小户型的消费者的心弦

此文案是针对商品的普遍消费人群进行创作的，提出裤子要时常换新的理念

此文案是根据商品的独特性进行创作的，突出了店铺商品的独特程度

文案与热门综艺节目相结合，趣味性十足，很容易吸引消费者的注意力

文字配上图片，一方面突出了商品的用途，另一方面突出了商品的质量

图3-2　一句话文案示例（续）

简单来说，一句话文案只要从消费者需求出发，以商品特性、定位、风格、品牌为主题进行创意展现，那么就能轻而易举地打动消费者。

3.2 提炼一句话文案的方法

一句话文案并不是一个独立的个体，不是随意想到的一句比较符合商品主题的话就能

成为一句话文案，也不是一句充满诗情画意的优美句子就是好的一句话文案。以下介绍几种提炼一句话文案的方法。

3.2.1 做加法

文案创作者在写一句话文案之前，不需要给自己限定范围，可以“异想天开”，可以“画蛇添足”，总之，想到什么就将它写下来，将自己的思维无限扩展，让自己的大脑处于完全开放的兴奋状态，形成连锁反应，不断地扩大商品可塑性、趣味性等，即做加法。以下是某品牌通过做加法为商品提炼的一句话文案，如图3-3所示。

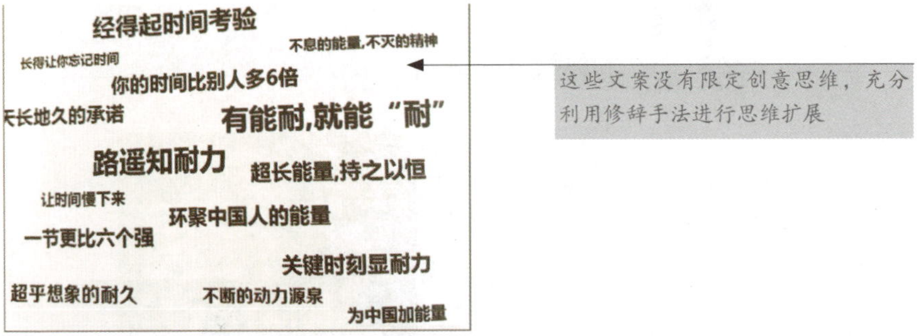

图3-3 做加法

3.2.2 做减法

做减法，顾名思义，就是从原有的文案中进行删减，挑选出最能吸引消费者注意力、最容易记忆的文案。一般常用的做减法的方式有两种，如图3-4所示。

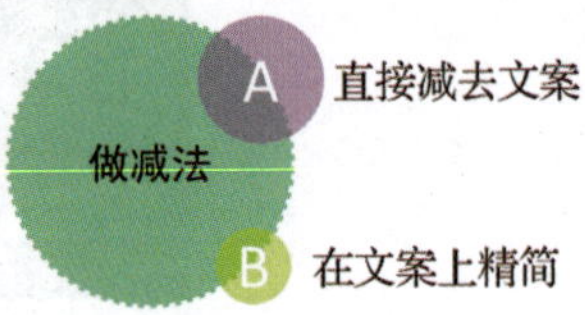

图3-4 做减法的方式

1. 直接减去文案

通过做加法，我们可以得到多个文案，但是这些文案并非都是精练、准确的，因此，我们需要将做加法得到的文案再利用做减法进行筛减，从中选出最精简、最能表现商品特点的文案，如图3-5所示。

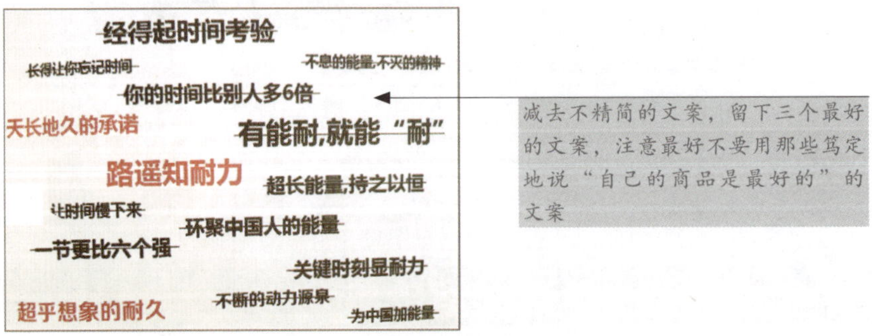

图3-5 做减法

2. 在文案上精简

在文案上精简是指在原来的文案的基础上删减一些不必要的文字、词语，让文案以最精简的语言表达出最精准的意思，可以删减的词句的类型如图3-6所示。

图3-6　在文案上可删减的词语

在做减法时，要尽量利用能体现商品特性的核心关键词来代替整句话，使文案看起来更加精练，且容易记忆。研究表明：相较于长句，短句更有利于消费者对文案的阅读与记忆；对于相同字数的广告文案来说，有断句的广告文案看起来更短；此外，对仗句读起来朗朗上口，会使文案显得更加短促、有力。

3.2.3 穷举法

穷举法也称为列举法，就是在原句的基础上进行多样化的再创作，如在原句上添加词语、添加标点、重新断句等。穷举法是提炼文案的一种最基本的方法，通过变换文字表达的角度，不断地改变，将每个词汇、句式都列举一遍，直到没有办法再进行修改为止。

但是这种方法比较耗费时间，很多电商企业都不愿意花费这个时间，他们担心花费大量的时间最终做的却是无用功，因为他们只想得到一步到位的文案，不想花费过多的时间、精力、人力。可事实上，创意是不可能一步到位的，常常需要进行多次的尝试才能成功。

穷举法可分为基本穷举与花样穷举两大类，如图3-7所示。

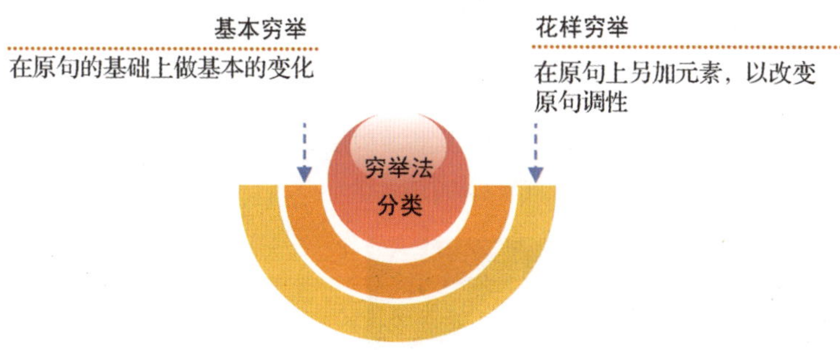

图3-7　穷举法分类

下面以“桌上有一瓶水”为例，来说明基本穷举与花样穷举的方法。

基本穷举：在原句基础上做基本变化。

桌上有一瓶水。

桌上放着一瓶水。

桌上只有一瓶水。

一瓶水在桌上。

一瓶水放在桌上。

有一瓶水在桌上。

水有一瓶在桌上。

……

花样穷举：在原句上另加元素，以改变原句调性。

加入阿拉伯数字：桌上有1瓶水。

加入标点：桌上。有。一瓶。水。

设问：桌上有一瓶水？是的。

反问：难道你没看到桌上的一瓶水？

角度反转：桌子放在一杯水的下面。

用典：桌子上放着一瓶安徒生童话里的水。

加入英文：桌上有一杯Water。

口语化：桌上搁着一瓶水。

尊贵：一只檀木雕花的桌上，静置着一瓶从阿尔卑斯山采集的水。

加入术语：桌上有一瓶H_2O。

小资：是这样一瓶淡淡的时光，静静地伫立于岁月的耐心之上。

其他角度：桌子与一瓶水相互吸引在一起。

……

简单来说，穷举法就是尽可能地写出一个句子的所有表达方式，然后再从中进行筛选，选出最契合商品理念的一句话。

3.2.4 奇思妙想

所谓奇思妙想，就是挖掘商品的戏剧性，然后将其发挥到极致。需要注意的是，尽管是奇思妙想，也不能脱离商品主题，这种奇思妙想最好是针对消费者心理的“脑洞大开”的想法。下面来看几则文案示例，如图3-8所示。

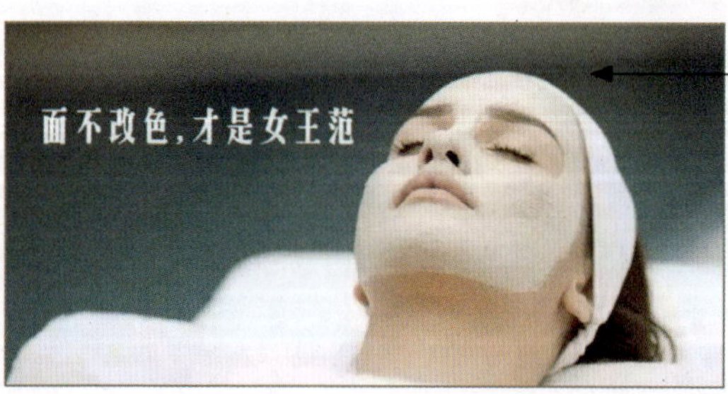

抓住女性想要保持美丽的心理进行展现

图3-8 奇思妙想的示例

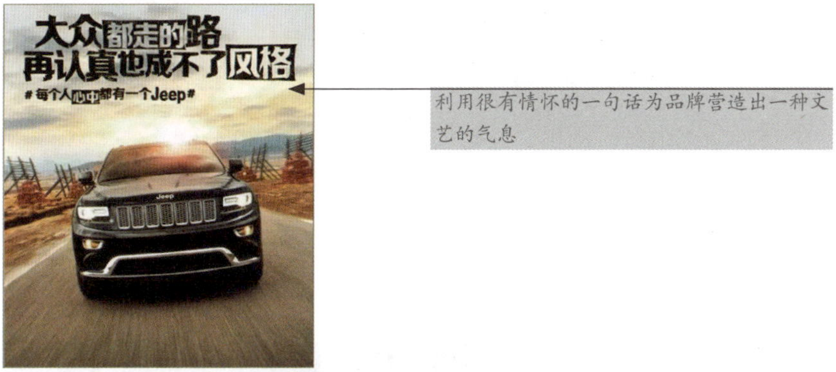

图3-8　奇思妙想的示例（续）

3.2.5　收集素材

在创作文案之前，可以先收集与商品相关的素材，包括同类商品的图片、相关网站、时尚杂志，甚至是诗集，然后将收集来的这些资料分类放置，作为创意思维的参考资料。

当看到合适的素材图片时，首先需要确认该图片是否侵权，是否有水印，如需保存截图，则存储格式需要使用无损格式BMP或PNG。此外，收集的素材要符合店铺的风格定位，特别要注意四个方面，如图3-9所示。

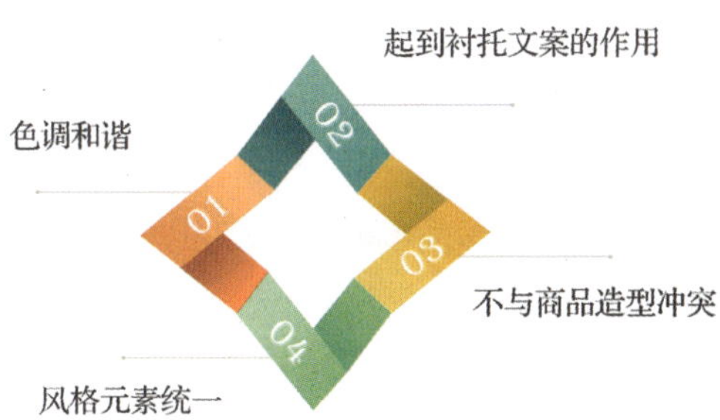

图3-9　收集素材的注意事项

一般来说，可以收集那些成功文案里的素材，并研究它们的特点，图3-10所示为两则成功的素材。

所选的素材一定要贴合自己商品的主题，这样才能体现素材的价值，才能使之为文案所用。

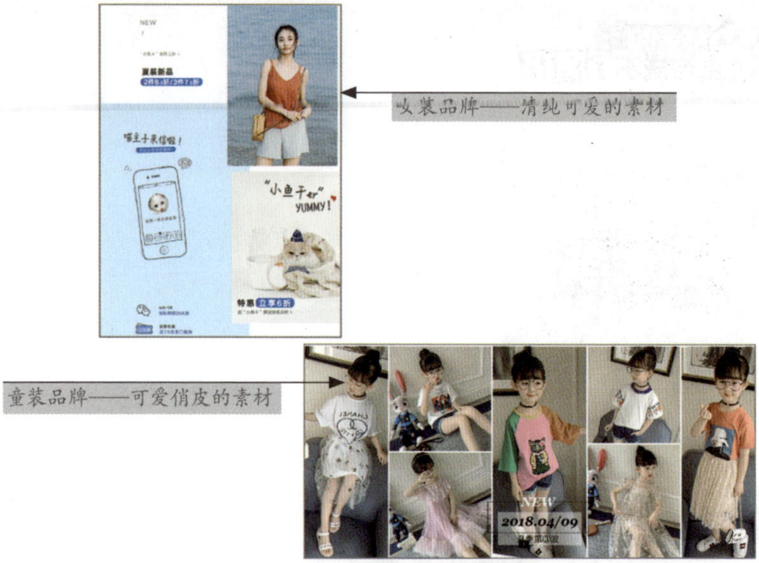

图3-10　成功素材示例

3.3 给消费者一幅有视觉冲击力的图片

优秀的电商文案是基于“文字+图片”的模式而形成的，所以仅有“一句话”是不够的，还必须有能配合“一句话”并能展现出商品特性、促销信息或活动主题的图片，这样才能形成优秀的电商文案。

3.3.1 图片的呈现方式

在电商圈，一次成功的营销活动和一篇优秀的文案，都需要在图片上下功夫，只有高质量的、与文案主题相符合的图片，才能对文案起到锦上添花的作用，才能吸引消费者的注意力，刺激消费者的购买欲望，帮助企业实现营销目的。

文案创作者在电商文案中使用合适的精美图片，可以让文案更加出彩，进而销售更多的商品。在选择图片的时候首先要保证图片的风格与商品类型或营销活动的主题相符；其次，图片的呈现方式要能够给消费者造成视觉冲击，吸引消费者的关注。在进行商品图片呈现的时候，可以从五个方面下功夫，如图3-11所示。

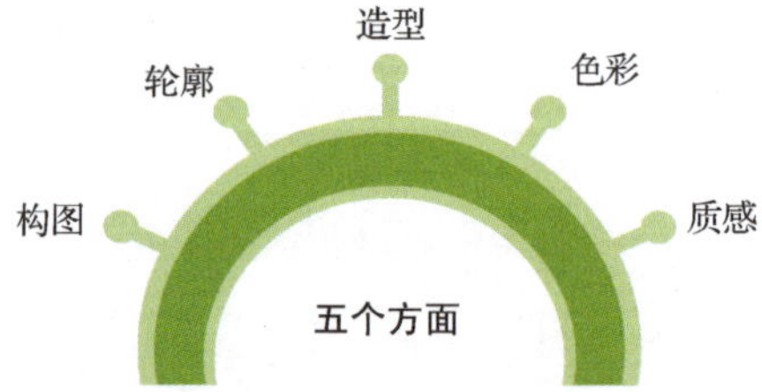

图3-11　文案图片呈现的要点

下面是图片呈现方式的几则示例，如图3-12所示。

构图方式非常美观，加上简短的文案，突出图片的可观赏性及商品的质感

图片的轮廓能突显主题，文案的排版、图片的摆放位置都属于轮廓的范畴

利用不同的摆放角度，突出商品的细节

图中的色彩切合主题，整体配色和谐、不冲突

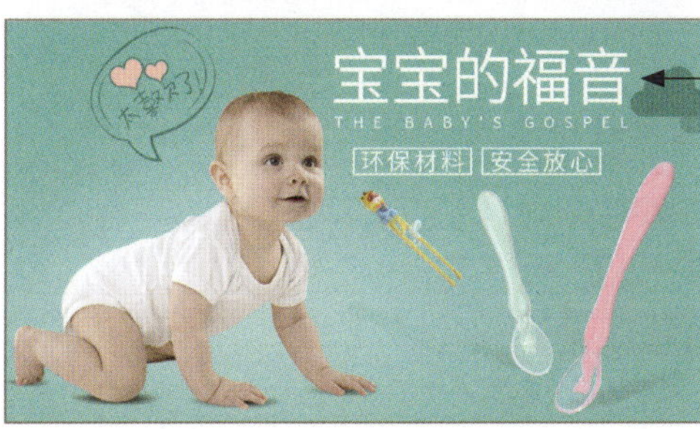

以浅绿色为基调，贴合宝宝的形象，再加上商品文案，整体图片从视觉上可以让消费者产生舒适感

图3-12　图片的呈现方式示例

图3-12　图片的呈现方式示例（续）

3.3.2　促销信息引起消费者兴趣

图片不应该只是单纯的一张商品图片或一张富有画面感的海报图、广告图，它还应该包含相应的促销信息以引起消费者购买商品的欲望，但是促销信息不能太多，有一个主题即可。下面来看几则展示促销信息的图片示例，如图3-13所示。

图3-13　促销图示例

主题是“首降5折起”，用优惠简洁高效、单刀直入地引起消费者的兴趣

主题是“1元抵1000元”，很简洁地介绍了活动规则

图片整体色彩应该和谐，不要出现颜色上的冲突，促销字体颜色的选择应与背景色相呼应

图3-13　促销图示例（续）

图片上的促销信息并不是随意设置的，应该确保促销活动的理由合情合理，当然，更不能天天换着花样地搞促销，如果消费者每天都能看到一则企业的促销信息，这样的促销信息往往无法达到吸引消费者注意的目的，反而会让消费者觉得这家企业只是打着促销的幌子在营销而已，甚至会损害企业在消费者心中的形象。

电商企业在制作促销图时，一定要为促销找到一个理由，而且这个理由必须要充分、合理，理由的充分程度直接影响着消费者对这次促销活动力度强弱的认同程度，如“‘双十一’大促”和“一周年店庆大返利”两个促销理由相比，很明显人们会感觉第一个理由的促销力度会更大。

那么在制作促销图时要如何寻找一个合理的促销理由呢？其实很简单，如利用节日、企业纪念日作为主题，或者是新品上架、季末清仓，甚至可以打出“老板娘生日”的口号等。将自己想象成消费者，任何一个他们能看懂的借口都可以作为促销的理由。

此外，要想做好促销图，需要规避4个促销误区，如图3-14所示。

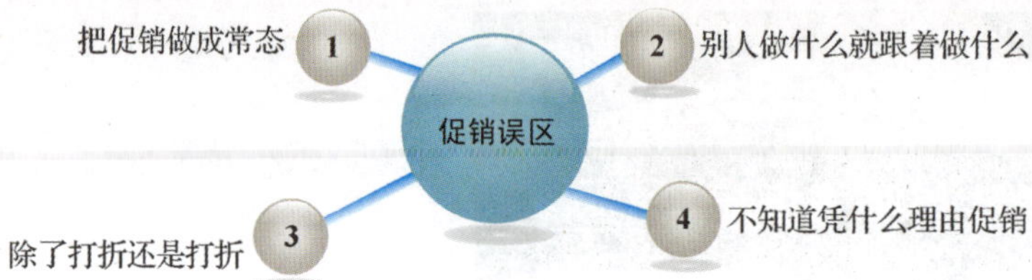

图3-14　4个促销误区

电商企业在做促销图之前，可以将一些有价值的信息先整理一遍，然后根据整理出的资料决定促销图的促销主题、文字大小、文字颜色、背景色等。促销最简公式如图3-15所示，可以根据这个公式进行制作促销图前的准备。

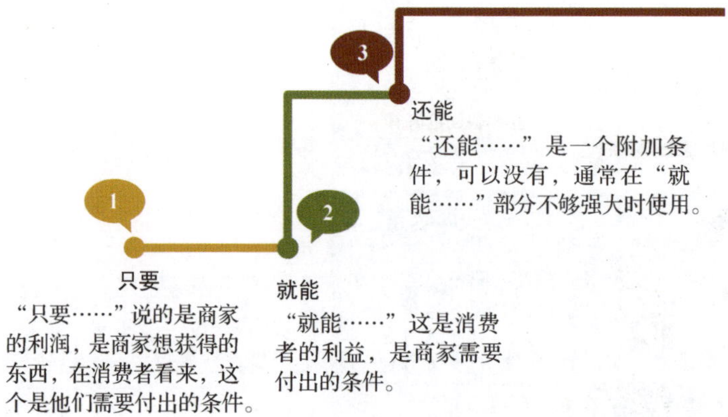

图3-15 促销最简公式

3.3.3 挖掘商品独特的卖点

一张成功的图片需要能突出商品独特的卖点，因为有了卖点才能吸引消费者的眼球，只有吸引了消费者的眼球，才能刺激消费者关注商品的详情，最终达到宣传的目的。要想让商品的卖点得到充分展示，就要懂得运用人类的生理需求，将其与商品特性相结合进行卖点的阐述，以更有效地引起消费者的注意。文案中常用到的人类的生理需求如图3-16所示。

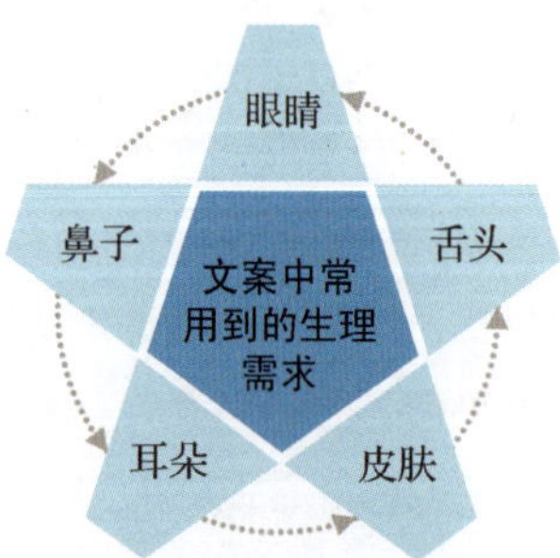

图3-16　人类的生理需求

下面来看几则卖点展示图示例，如图3-17所示。

图3-17 卖点图示例

3.3.4 确定图片风格

在选择文案图片的时候，要保证图片风格与商品相符，也就是说，要以商品的风格为基础来选择图片。在电商文案中，图片风格的作用就是营造氛围，将消费者带入到这种氛围中，使其身临其境般地在这种氛围里体会文案所说的内容，产生某种程度上的共鸣，进而引起消费者的购买欲望。所以说，图片风格的选定是极其重要的。

下面来看几则风格图示例，如图3-18所示。

图3-18　风格图示例

课后练习题

1. 回忆或搜索一些你所看到过的一句话文案，并尝试分析它们的创作方法。
2. 假设你要为某款餐桌撰写文案，请用“穷举法”为它提炼一句话文案。
3. 如果要你为某女装品牌设计促销图片，你会怎么设计？

第4章 电商视觉营销与营销文案

学习目标

❶ 了解电商视觉营销的概念。
❷ 了解电商视觉营销的原则。
❸ 掌握电商视觉营销与文案之间的关系。
❹ 掌握电商视觉营销常见的文案类型及其设计方法。

科学分析论证表明，在人的五感中，对人的思维判断影响最大的就是视觉，占比为83%，剩下的17%分别包括听觉、触觉、嗅觉等。在电子商务中，由于商品都是通过网络来呈现的，消费者不能亲身体验或触摸，只能通过视觉来感受商品的好坏，商品的视觉展示效果会对消费者的购买造成决定性的影响，由此可见，做好电商视觉营销是至关重要的。

4.1 什么是电商视觉营销

电商视觉营销是电子商务和视觉营销的结合，是电子商务企业利用视觉上的冲击，来捕获消费者注意力的一种手段。

4.1.1 电商视觉营销的含义

随着电子商务的迅猛发展，视觉营销这一传统行业惯用的手段也逐渐融入电子商务中，并越来越受到重视，这都是由电子商务特殊的购物方式所决定的。

在网上购物，由于消费者接触不到商品实物，只能通过色彩、图像和文字来判断商品是否符合自己的需求。因此，视觉营销在电子商务中的作用，就是通过色彩、图像、文字等形成的强烈冲击力来博取消费者的眼球，吸引其点击进店，进而刺激其购物欲望，把流量转化为成交量。而且仅聚焦眼球还不够，更重要的是要塑造店铺的品牌形象，这样才能将流量转变为忠实流量。

在电商视觉营销中，视觉是手段，营销是目的，即视觉是以营销为目的和出发点的，营销则是通过各种视觉展现手段来实现的。具体来说，电商视觉营销是将展示技术、视觉呈现技术与商品营销理论相结合，旨在通过增强消费者的视觉感受促进销售的过程。

电商视觉营销通过标志、色彩、图片、广告、商品陈列等一系列视觉展示手段，向消费者传递商品信息、服务理念和品牌文化，从而打造出一个图4-1所示的有吸引力的“磁场”，最终达到促进商品销售、树立品牌形象的目的。随着电子商务市场竞争越来越激烈，电商视觉营销将成为各种营销方式中的核心竞争力。

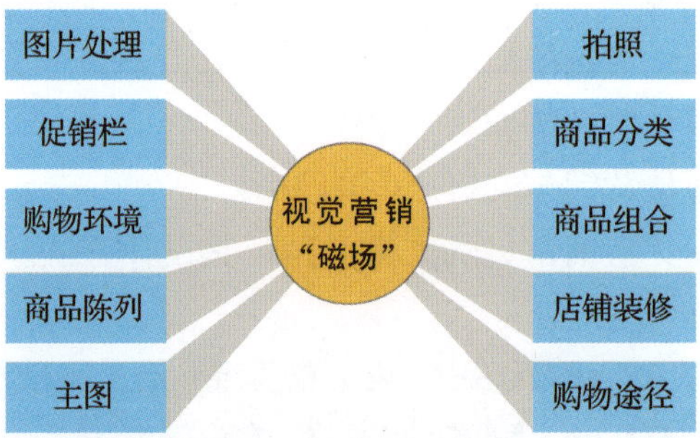

图4-1　视觉营销“磁场”

4.1.2 视觉营销作为电商营销手段的重要性

对电子商务企业来说，视觉营销是一种非常重要的营销手段，它可以在增加电商网站和商品吸引力的同时，提升流量和成交量。具体来说，视觉营销的作用主要表现在4个方面，如图4-2所示。

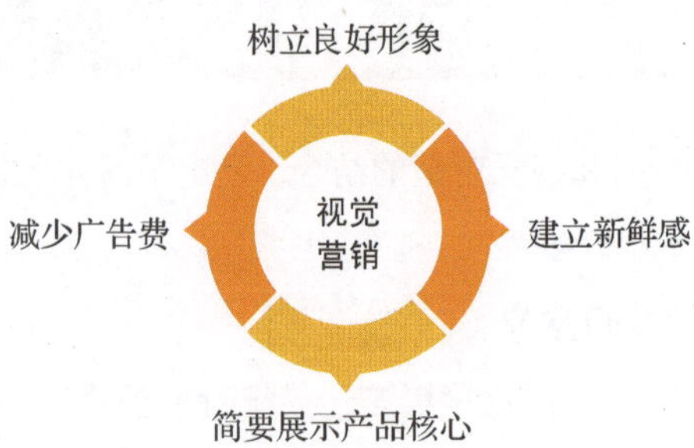

图4-2　电商视觉营销的重要作用

1. 树立良好形象

电子商务企业开展视觉营销不仅能缔造网店的“引力磁场”，吸引消费者的关注，刺激消费者对商品产生兴趣和购买欲，还能延长消费者在网店停留的时间，进而产生关联购买。此外，视觉创意能让店铺更具美感，给消费者创造更好的购物体验，在消费者心目中树立起良好的店铺形象。

2. 建立新鲜感

如果一个电商网站针对视觉效果进行创新，并不定期地进行视觉更新，则十分容易引起消费者的兴趣，使消费者产生新鲜感，吸引消费者不自觉地关注该网站的内容。

3. 简要展示商品核心

在视觉营销中，可以将商品图片与文案融合成美观、个性的商品宣传图片，消费者可以通过商品宣传图片快速了解商品的主要性能、类型、特点等信息，进而判断这是否是自己需要的商品，再决定是否购买。

4. 减少广告费

随着电子商务的快速发展，各类网店层出不穷，在网上销售的商品数量也急剧增长，使得消费者的选择范围越来越广，进而导致电商企业的压力也越来越大。一个网店要想在千千万万个网店中突出重围，而又不想花费过多的广告费，就要靠网店的装修布局来吸引消费者的注意力，即依靠视觉营销，在减少广告费的同时，吸引消费者的注意力。

4.1.3 电商视觉营销的原则

电商视觉营销的策划和实施需要遵循一定的原则，即目的性、审美性、统一性和易用性，下面将分别对其进行介绍。

1. 目的性

目的性是电商视觉营销的首要原则。目的性原则分为两个层面：第一个层面是要明确店铺进行视觉营销的最终目的是为了提高店铺形象和商品的销量，第二层面是明确视觉应用的作用，从第一个层面来讲，所有手段都是为了提高店铺形象和商品销量的目的而服务的，如图4-3所示。

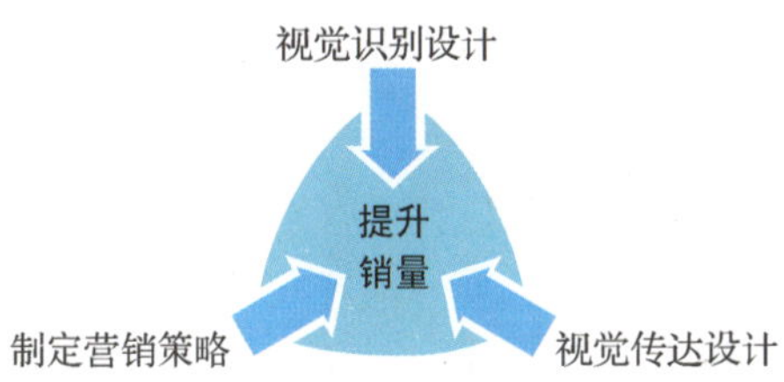

图4-3　为目的服务

大多数知名品牌的生产企业在一款新商品上市前，首先会进行目标人群的定位和分析工作，确定新商品的营销策略后，围绕营销策略制定包装设计、卖场陈列效果、终端POP等视觉营销方案和商品政策，最后充分培训销售人员。正是营销策略的高计划性和强执行力，才有效地保证了商品的销路。

电商企业进行视觉营销，也要做好制定营销策略和目标人群定位的工作。电商企业首先要根据自身的条件和现状制定清晰的营销策略，然后根据店铺的营销策略和商品的市场定位确定目标人群的范围，再根据目标人群的社会层次、消费能力和消费习惯等来确定店铺的视觉定位，最后有针对性地进行页面布局和图片设计工作，这样才能保证店铺的整体设计风格与目标客户的特征和喜好相吻合。

经常逛网店的朋友应该可以发现，销售高档男装的店铺大多会采用简洁的页面布局和构图方式，用简单的色调和成熟稳重的模特来彰显商品的档次和品位，如图4-4所示。

图4-4　男装店铺首页

销售时尚女装的店铺则普遍会采取活泼的页面布局、鲜明的色调、时尚青春的模特，以及足够醒目的利益点来吸引自己的目标人群，如图4-5所示。

图4-5　女装店铺首页

目的性的第二个层面是明确视觉应用的作用。店铺的页面由不同类型的模块组成，模块的作用和目的不同，表现形式也就不同，如店铺招牌的作用是突出店铺名称，让消费者感受商品风格，引起潜在消费者的注意，如图4-6所示。

图4-6　女装店铺招牌

商品促销海报的作用则是吸引眼球，突出商品的卖点和优势，如图4-7所示。只有了解各种设计模块的作用和目的，才能设计出满足要求的图片。

图4-7　化妆品促销海报

2. 审美性

网店的页面设计看上去应该是美观、舒适的，这一点毋庸置疑，但美观、舒适的标准是什么呢？首先，合格的店铺页面结构布局应该符合人们的浏览习惯，因为人们从小养成的阅读习惯，大多数人都是按照由左至右、自上而下的顺序浏览页面，这种浏览的视觉轨迹称作动线，如图4-8所示。

图4-8　视觉轨迹

根据动线的理论，在设计页面布局时，把主推商品、导航和促销信息等重要元素放在左侧更能引起消费者的注意。我们还可以将均分法、黄金分割等构图规律以及色彩心理学原理等应用到页面布局和图片的设计中，如图4-9所示。利用这些视觉规律，不但可以让页面看起来更符合大众的审美观，同时配合一些细节设计，还可以对消费者产生视觉暗示和视觉引导的效果。

图4-9　黄金分割构图

为了抢占消费者的注意力和记忆力，避免视觉疲劳，网店还应具有易于识别的独特风格。“风格”这个词很抽象，可以将其理解为店铺的整体形象带给消费者的综合感受。图4-10所示的店铺利用了极具商品风格特点的修饰元素，配合贴近民族风情的图片风格，将商品民族风的特点充分体现出来，在给消费者留下独特印象的同时让消费者对商品产生认同感。

图4-10　民族风女装店铺

3. 统一性

网店视觉设计中最容易犯的错误就是设计风格不统一，这主要体现在四个方面：第一是店铺形象和商品定位不统一，如销售日韩商品的店铺却使用欧美的模特与设计风格；第二是销售模块的风格不统一，如上一组模块是时尚、清新的风格，下一组模块突然又变成成熟、稳重的风格；第三是图片的尺寸规格不统一，如图片忽大忽小，不按照视觉规律排列组合；第四是字体和颜色随意使用，这样不但起不到美化页面的效果，还会让页面看起来杂乱无章。

提升店铺形象最有效的方法就是统一设计风格。在设计店铺效果前，首先要做好基本设计元素的规范工作，这样既有利于打造店铺的整体形象，又能为模块和其他元素的设计提供参考和依据。

4. 易用性

易用性的核心是充分考虑消费者的浏览习惯，在设计页面布局时从消费者的角度来思考，通过交互设计让页面易懂、易用。如果消费者长期浏览某个店铺，便会习惯其结构和布局，一旦店铺的结构和布局发生改变，消费者在短时间内很难去做习惯上的调整。如果页面布局和功能按钮的位置与消费者的浏览习惯不符，那么消费者不但会感觉不适应，可能还会因为找不到需要的模块或商品类别而离开。

网店的易用性设计主要体现在商品类目的划分、购物路径的优化和功能按钮的设置三个方面。

商品类目的划分层次不要过多，大量重复的分类既不能很好地展示商品，还会让消费者产生混乱的感觉。通常来说，商品类目按照商品的属性、风格和使用效果进行分类即可，新品和特价商品的分类应尽量靠前，类目之间最好有明显的区分，如图4-11所示。

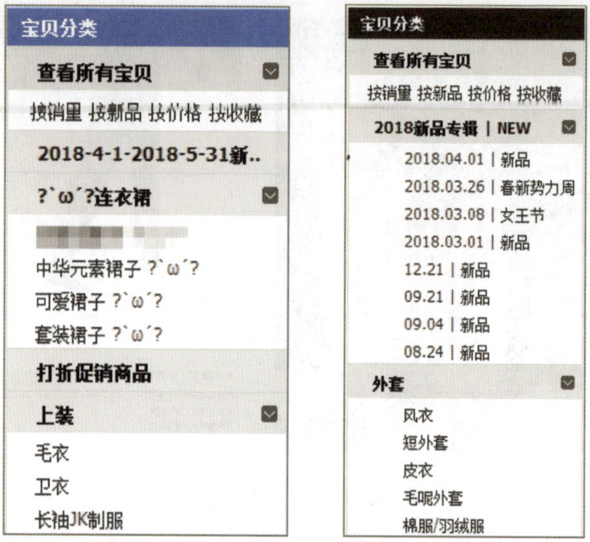

类目不清　　　　类目清晰区分明确

图4-11　类目区分对比

在购物路径的设计方面，要保证无论消费者浏览到页面的哪个部分，都能够方便地进入到下一个目标页面，并且能够快速返回到首页或页面的顶部，如图4-12所示。

图4-12　购物路径设计优化

在功能按钮的设置方面，客服按钮要安排在页面最醒目的位置，方便消费者在产生疑问时可以随时咨询。在页面合适的位置安排搜索栏，方便消费者查找自己需要的商品，搜索栏上还可以设置关键词的提醒和暗示。为了提升点击量，可以在主推商品的分类或商品图上利用按钮等方式暗示消费者点击，如图4-13所示。

图4-13　关键词及按钮设置

4.1.4　电商视觉营销与文案的关系

电商视觉营销与文案是相辅相成的，谁也离不开谁，两者相互补充、相互延伸，进而形成一个个吸引人的创意理念。

1. 两者形成全面的商品画面

电商视觉营销中的商品图片与优美的文案相搭配，是对各自的延伸，可以让消费者扩展遐想空间，形成较为全面的商品画面。

2. 两者结合显得层次分明

有些人可能认为，电商视觉营销中的商品图片和文案搭配在一起会显得内容有些重复，但其实图片有了文案的搭配才会显得层次分明，而原本枯燥的文案会因为图片显得更有生气，图片与文案的内容环环相扣，互为补充。

3. 互添趣味性

电商视觉营销中的商品图片与文案搭配在一起，还可以互添趣味性，如插画、漫画等，如果缺少了文字就很难让消费者知道它们要表达什么，而如果文字缺少了图片，则失去了生气，两者任缺其一，都将失去趣味性。

4. 精简主题、准确表达

简短精准的文案搭配视觉效果强的图片，能使商品主题一目了然地呈现在消费者的面前，使消费者能更加深入地了解商品的特征，从而达到营销的目的。

4.2　电商视觉营销常见的文案类型

在电商行业中，最常见的视觉营销文案有五种，即促销营销文案、商品营销文案、痛点营销文案、活动营销文案、卖点营销文案。

4.2.1 促销营销文案

促销营销文案，就是将促销活动设计成文案来吸引消费者。消费者在看到具有诱惑力的促销营销文案后，若他们感觉促销力度大，基本上不会拒绝购买该商品。下面来看几个促销营销文案，如图4-14所示。

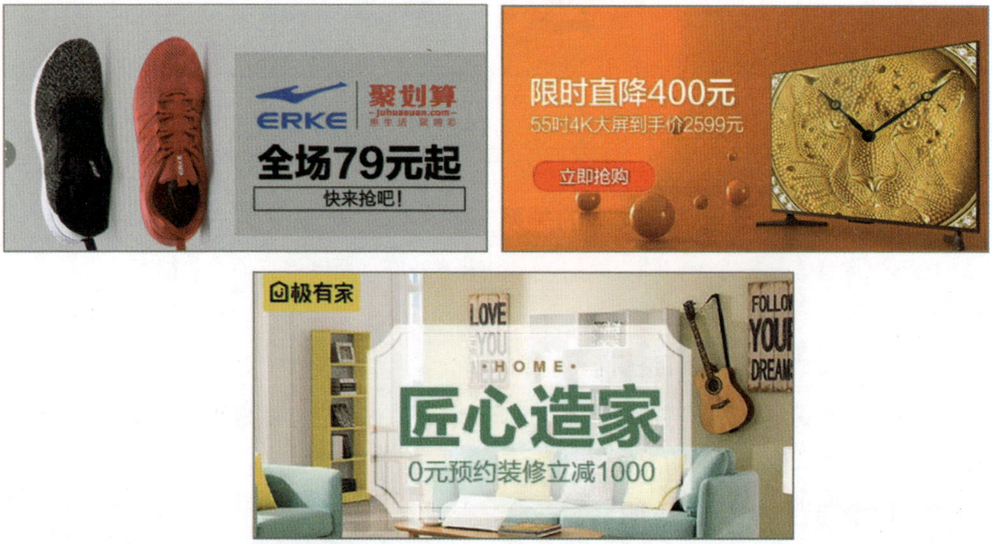

图4-14　促销营销文案示例

通过图4-14所示的促销营销文案示例可以看出，促销营销文案应该符合4点要求，如图4-15所示。

1. 促销信息字眼要突出
2. 促销营销文案要让消费者感受到“划算”“超值”
3. 要在促销营销文案中加进去一点创意
4. 促销信息一定要真实

图4-15　促销营销文案的要求

4.2.2 商品营销文案

商品营销文案在电商中的应用非常广泛，它虽然也是文案与图片相结合，但其内容重在直接突出商品特点。商品营销文案一般没有字数限定，但最好将字数控制在30个字以内，这样可以避免消费者因字数太多而失去阅读的耐心。下面来看几个商品营销文案，如图4-16所示。

图4-16 商品营销文案示例

通过图4-16所示的商品营销文案示例可以看出，商品营销文案应该符合5点要求，如图4-17所示。

1. 文案要描述商品的核心功能或典型使用情景
2. 文案设计要具有情感化特征
3. 文案要注意慎用疑问语气
4. 文案要具有可读性
5. 文案设计要有阅读层次性，以渐进式的文字设计引导消费者认知商品，以标题文字为核心，以内容解释文字为基础

图4-17 商品营销文案的要求

4.2.3 痛点营销文案

创作痛点营销文案，必须要站在消费者的角度去想问题，先罗列出消费者会面临的问题，然后从这些问题入手，将解决问题的办法和商品融入文案，这样才能写出比较好的痛点营销文案。

很多电商企业都不知道怎样去挖掘消费者的痛点，很多时候都是靠文案创作者“昙花一现”的灵感。其实电商企业要想写出痛点营销文案，只要从以下4个方面结合商品展开思维联想即可，如图4-18所示。

图4-18 痛点营销文案联想的方法

1. 爱情和亲情

爱情和亲情是人类都有需求和欲望。若要将商品与爱情相结合，可以从消费者“懵懂

的初恋”入手，如关于苹果的痛点营销文案可设计为“甜过初恋”；若要将商品与亲情相结合，可以从“母亲逐渐老去”入手，如关于相机的痛点营销文案可设计为“以前是她记录你长大的每一瞬间，如今由你留住她那宝贵的时光”。

2. 针对群体

电商企业可以通过划分带有标签的群体让消费者自动“对号入座”，如可以将消费者划分为“时尚青年”“文艺青年”“家庭主妇”等群体。

例如，锤子手机2018年新品发布会的文案，全程无商品的描述，读起来就像春天的风吹着女孩子的裙，文艺又浪漫，如图4-19所示。

图4-19 针对“文艺青年”群体所展开的痛点营销文案示例

3. 安全感

安全感是消费者最基本的心理需求，因此将商品的功用和安全感结合起来，更能让消费者感到舒心，直击消费者的“痛”处。

4. 掌控感

随着时代的进步，人们越来越向往自己能掌控自己的生活方式，这种掌控感不仅是对自己生活的一种支配感，也是对生活充满信心的一种表现。如果电商企业在文案中带入“我的生活我做主”“××商品由你支配”等文字内容，很容易引起消费者的共鸣。

找寻痛点不只有上面4种方式，还有其他的方式，痛点需要电商企业去挖掘，值得注意的是，在挖掘痛点之前，一定要先将商品了解清楚，再挖掘契合商品某一特性的痛点。

4.2.4 活动营销文案

对于电商企业来说，营销活动是打响品牌和提升销售量的重要方法之一。电商企业在制作活动营销文案时，不要太过仔细地描述活动内容，只要提及活动的核心内容即可。下面就来看几个活动营销文案，如图4-20所示。

图4-20 活动营销文案示例

通过上面几个活动营销文案示例可以看出，活动营销文案应该符合4点要求，如图4-21所示。

1. 活动营销文案的核心内容要突出
2. 活动营销文案一定要让消费者感受到“超值”“划算”
3. 简要介绍活动内容
4. 要有一点创意内容

图4-21 活动营销文案的写作要求

4.2.5 卖点营销文案

卖点营销文案，就是利用商品卖点来吸引消费者，使消费者在看到卖点鲜明的图片后，能迅速找到购买这个商品的理由。

卖点营销文案一定要在两句话之内将商品的卖点说清楚，千万不要用过多的文字去诠释卖点，文字过多容易让消费者失去阅读的耐心，很难刺激消费者产生强烈的购买欲望。总之，卖点营销文案要做到用少量的文字，直冲消费者的心房，让他们无法抗拒购买欲望。

对于电商企业来说，设计卖点营销文案时，不要在文案中一次性放置太多的卖点，最好是从商品诸多卖点中选择一个最吸引人、最核心的卖点，这样才不会让文案的内容显得杂乱，从而更具说服力。

例如，“连续听歌10小时，20天不用充电”中以“连续听歌10小时”为卖点，突出连续听歌的超长待机时间，刺激消费者的购买欲望，如图4-22所示。

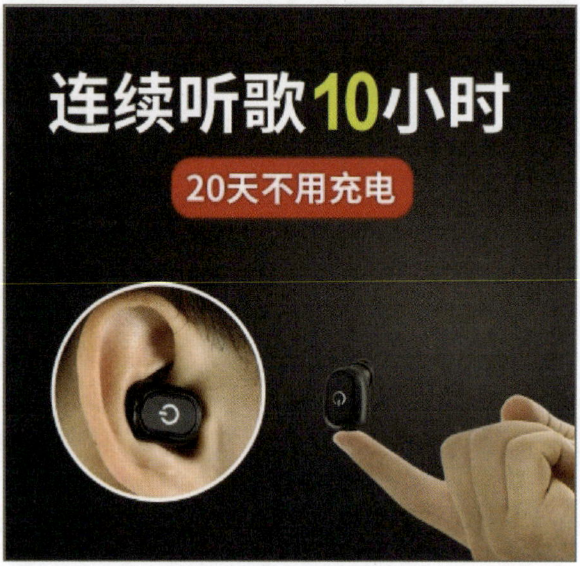

图4-22 卖点营销文案示例

很多电商企业在创作卖点营销文案时，常常会陷入“最”的误区，总用“第一”“最好”“最耐用”等词汇来突出商品的卖点，其实这种做法不但有违相关法律，而且并不能冲击到消费者的心理防线，只会让消费者产生“真的是最好的吗？”“真的耐用吗？”等疑问。走出“最”的误区，电商企业在创作卖点营销文案的时候可以尝试以下几种方法。

1. 利用反向思维

利用反向思维就是不随波逐流，而是通过反向思维去诠释商品卖点，如当所有企业都强调自己是第一的时候，如果说自己排名第二，也许会取得不同凡响的效果；当其他企业都说自己的商品是最好的时候，如果指出自己的商品在怎样的情况下是不好的，也会出乎意料地引起消费者的注意。

传统思维的文案具有太强的植入性，缺乏新意，容易使消费者产生抵触心理。而反向思维的文案比较含蓄，可以让消费者很舒适地接收其中的文字信息，如图4-23所示。

图4-23 非传统思维

可见，反向思维突破常规，更容易吸引消费者的注意力，也能更好地使自己的商品与同类商品产生区别，便于消费者在众多的同类商品中识别出自己的商品。

又如，某汽车品牌以“颜值高、低油耗”为卖点，突显了其车型的特性，让想买车的消费者更倾向于选择该品牌，如图4-24所示。

图4-24 打破传统思维的文案案例

2. 制造励志文案

人们总是习惯性地去关注一些成功人士的故事，容易对一些不同寻常、不可思议的事件产生兴趣。如果电商企业能制造一些励志文案，则很容易引起消费者的关注，如图4-25所示。

图4-25 励志文案

在这类案例中，比较常见并且经久不衰的当属减肥励志故事了，这种励志故事是很多人无法拒绝的，不管是处于肥胖期的消费者，还是并不胖的消费者，都会想知道别人是怎么励志减掉脂肪、告别肥胖的。

除了减肥励志的故事文案之外，一些有关学习、职场、生活的励志文案也很容易激起消费者的共鸣，如图4-26所示。

图4-26 励志文案案例

3. 利用修辞手法

电商企业可以运用比喻、夸张、拟人等修辞手法，将某一事物的特点与另一事物自然地关联起来，打造出一种全新的视觉效果，博得消费者的会心一笑，这也是吸引消费者的一种文案手段。

例如，图4-27所示为一款电饼铛的文案，其中的“挑逗你的味蕾”利用了拟人手法，体现出了电饼铛的卖点。

图4-27　利用修辞手法的文案案例

4. 设问式自答

选取人们熟悉的话题发问，通过引发消费者的思考来激发其对品牌或商品的共鸣，这样也能给人留下深刻的印象。

例如，“谁是NO.万　1分钱少吗？我们连1分都不要！只要你敢来！”就是典型的提出问题再在图片上回答问题的文案，如图4-28所示。

图4-28　设问式自答文案案例

5. 利用热点话题

在如今这个信息大爆炸的时代，热点话题往往是一段时间内大多数人关注的焦点，通过某种方式将卖点营销文案与当下流行的热点话题联系起来，可以借助热点话题的关注度，吸引消费者的眼球。

例如，奥迪品牌“与众8同”利用了iPhone 8的上市来做宣传文案，如图4-29所示。

图4-29　利用热点话题文案案例

电商企业在选择热点话题时，千万不要选择过时的，应选择当下最热门的话题，这样才能提高话题和商品的关注度。

课后练习题

1. 在淘宝网上搜索阿芙精油的官方旗舰店和膜法世家的官方旗舰店，说说这两家店铺在装修上给你带来怎样的感受，并说明它们是如何开展视觉营销的。

2. 请阐述电商视觉营销与文案的关系。

3. 请分析图4-30两个文案属于哪种类型，并说明它们有哪些优点或存在哪些缺点。

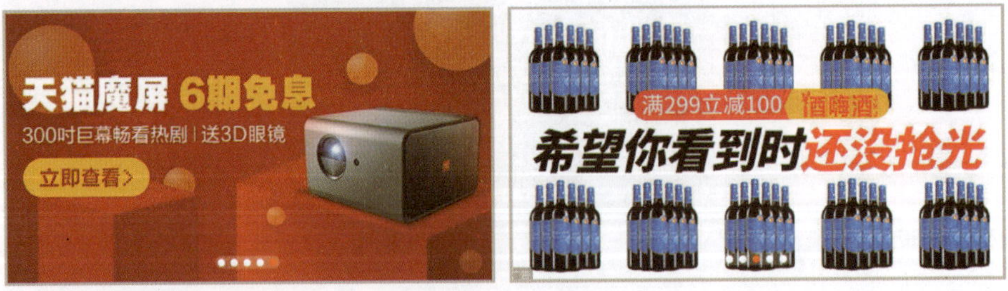

图4-30　两个文案案例

第5章 电商视觉营销的配色及构图

学习目标

1. 了解色彩搭配原则七要素的内容。
2. 了解网店风格的形成要素。
3. 掌握网店页面构图的方法。

营销界有个著名的“7秒定律”，即消费者会在7秒内决定是否有购买商品的意愿，而在这短短的7秒内，色彩的决定因素占比为67%，可见配色的重要性。除色彩元素外，消费者对图形元素的感知也极为敏锐，利用一些主次分明的构图法，也能吸引消费者的眼球。

5.1 确定网店页面的配色

想要让自己的网店脱颖而出，视觉设计至关重要。而在网店视觉设计中，最能吸引消费者的因素就是色彩。不同的色彩产生的生理和心理效应也不同，不同的商品也有不同的色彩特性。因此，在网店视觉营销中，只有将色彩搭配运用得恰到好处，才能制作出独特的艺术效果。

5.1.1 色彩搭配原则七要素

色彩搭配并不是简单地把几种颜色混合在一起，而是有搭配原则的。下面先了解一下什么是色彩搭配原则七要素。

1. 渐进配色

渐进配色是指按色彩的三要素色相、明度、艳度之一的程度高低依次排列颜色。其特点是色调既沉稳，也很醒目，尤其是色相和明度的渐进配色。例如，彩虹就属于渐进配色。

2. 对比配色

对比配色是指用色相、明度或艳度的反差进行搭配，有鲜明的强弱感。其中，明度的对比能给人以明快、清晰的印象，可以说只要有明度上的对比，配色就不会太失败，如蓝配橙、黄配紫。

3. 色调配色

色调配色是指具有某种相同性质（如冷暖色调、明度、艳度一致）的色彩搭配在一起，色相越全越好，最好三种色相以上。例如，同等明度的红色、黄色、蓝色搭配在一起，如彩虹既是渐进配色的范例，也是很好的色调配色的范例。

4. 近似配色

近似配色是指选择相邻或相近的色相进行搭配。这种配色非常协调。如果是单一色相的浓淡搭配，则称为同色系配色。

5. 单重点配色

单重点配色是指让两种颜色形成面积的大反差。“万绿丛中一点红”，就是一种单重点配色的范例。其实，单重点配色也是一种对比配色，相当于一种颜色是底色，另一种颜色是配色。

6. 分隔式配色

如果两种颜色比较接近，看上去不分明，可以将对比色加在这两种颜色之间，增加色彩强度，使整体效果更协调。最简单的加入色是无色系的颜色如黑、白、灰和米色等中性色。

7. 夜配色

夜配色，严格来讲不算是一种真正的配色技巧，但很有用。高明度或鲜亮的冷色与低明度的暖色配在一起，称为夜配色或影配色。它的特点是给人感觉神秘、遥远，充满异国情调、民族风情。

5.1.2 色彩的联觉现象

不同的色彩有着不同的寓意与作用，当人们看到色彩时，会给人带来不一样的心理感受与联想，如图5-1所示。

当人们看到蓝色、黑色时，总是会联想到科技与高端感，看到橙黄色时又总是会联想到餐厅的橘色灯光、联想到食物……在心理学上，对一种感官的刺激触发另一种感官的心理现象被称为联觉现象，而色彩的联觉现象也可以简单地理解为由色彩引发的联想。

色彩的联觉现象是人们感知色彩的一种习惯反映，在消费过程中人们也会自觉或不自觉地运用这种感知习惯，因此当人们在浏览购物网站时，很可能会首先通过色彩去识别商品。

例如，当消费者想要购买零食时，很可能会忽略一些其他色彩的商品页面，而将注意力集中在寻找橙黄色的商品页面上，因为在他们的经验中，橙黄色是容易引起食欲的色彩，他们已经习惯于将食物与橙黄色联系在一起。让我们先来对比图5-2所示的两张图片。

色相	心理感受	通常会联想到的商品
红色	兴奋、热情、不安	敬酒服、年货、红包、口红
橙色	能量、激进、快乐	食品、暖光灯具
黄色	鲜明、欢快、喜悦	荧光笔、蜂蜜、柠檬
绿色	清新、活力、健康	药品、健身器材、环保袋、空气净化器、盆栽
蓝色	冷静、忧伤、严谨	男士用品、科技电子产品
紫色	高贵、气质、智慧	晚礼服、化妆品
黑色	肃穆、黯然、神秘	高端奢侈品、车饰、鼠标、键盘
白色	神圣、无邪、质朴	婚纱、医疗用品、餐饮器皿
灰色	科技、朴素、优雅	戒指、手机、电脑

图5-1　不同色彩的心理感受与联想

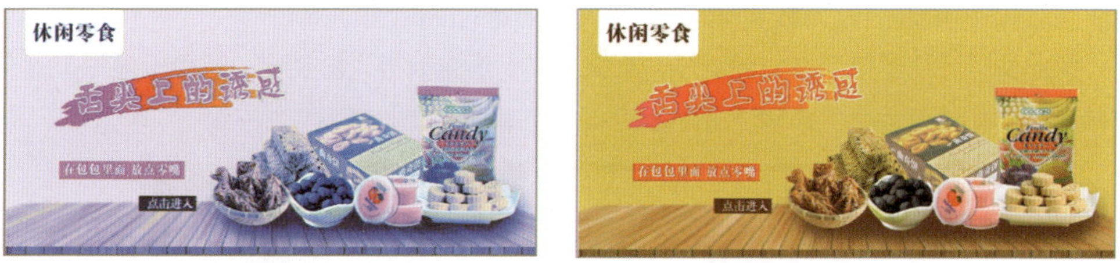

（a）　　（b）

图5-2　零食商品的不同色调对比

两张图的内容与主题都围绕零食商品展开，不同的是两张图片的主色调。消费者的视觉对色彩的感知非常敏感，因此当他们看到这两种图后首先就会注意到色彩，从而形成图5-3所示的感知心理，而这样的心理也决定了他们的购买行为。

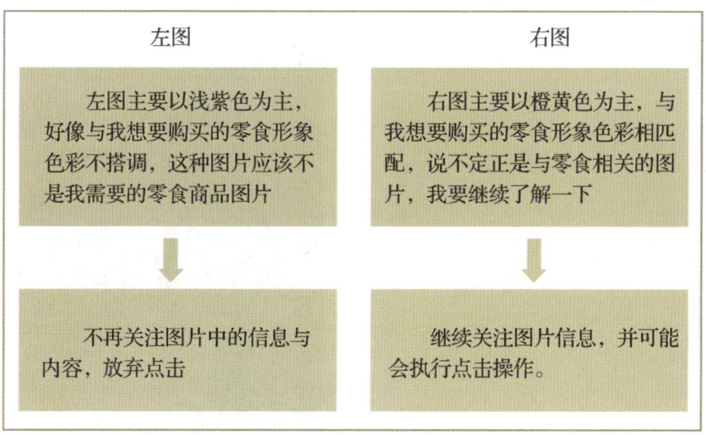

图5-3　色彩对购买行为的影响

不难发现，即使图片内容不变，不同的色彩也会让消费者做出两种相反的选择。因此，可以这样说，要想聚焦消费者的目光，就需要根据消费者的认知习惯寻找出通常情况下能够表现商品的最具代表性的色彩，并将其运用到与商品相关的视觉设计之中，这样才能避免消费者因为色彩造成误会，从而放弃对商品的进一步关注。

5.1.3 网店风格的形成要素

店铺风格的形成要素主要包括店铺的主要风格、产品的情绪、活动的主题气氛、店铺的包装色彩和VI配色，下面将分别对其进行介绍。

1. 店铺的主要风格

经营不同的商品就需要有不同的店铺风格，否则就会让人觉得不伦不类。常见的店铺风格有简约清爽型、商业型、炫酷型、可爱型和特色型等。

简约清爽型的店铺以淡色为主，适合白领、办公室人群浏览，适用行业为服装、美容、家居用品和饰品等。图5-4所示为装修风格为简约清爽型的店铺。

商业型的店铺促销产品位置明显，直截了当，适合商务人群浏览，适用于虚拟产品、数码产品和家具等行业。图5-5所示为装修风格为商业型的店铺。

图5-4 简约清爽型店铺

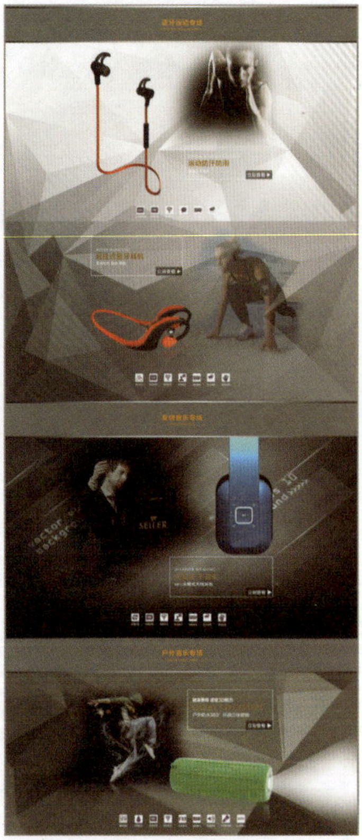

图5-5 商业型店铺

炫酷型店铺一般为冷色调，适合大学生或男性白领人群浏览，适用于男士用品、文体用品、户外用品和数码产品等。图5-6所示为装修风格为炫酷型的店铺。

可爱型店铺通常为暖色调，主要以卡通图案或动物、花草等为装饰元素，适合年青的女生人群浏览，适用于饰品、毛绒玩具、居家日用和鞋子等行业。图5-7所示为装修风格为可爱型的店铺。

特色型店铺适用于高雅的高端商品或民族风商品等行业，适合某类特定人群浏览。图5-8所示为装修风格为特色型的店铺。

图5-6 炫酷型店铺

图5-7 可爱型店铺

图5-8 特色型店铺

2. 产品的情绪

产品的情绪是指产品本身赋予色彩的情感。大多数色彩的情感来源于生活，因此视觉设计也要贴近生活，产品最终的消费群体为生活在我们周围的人，平时要多多积累，多发现和探索。例如，女装按风格可划分为韩式风格、淑女风格、嬉皮风格、波希米亚风格、田园风格和民族风格等。

韩式风格在服装色彩上多用白色，常见的配色方案为大面积白色搭配黄色、红色和绿色等，以展现女子成熟、淑女、浪漫、可爱的特点，如图5-9所示。

淑女风格的服装做工精致，配色典雅，有女人味但不夸张。配色多以素色为主，简单地说就是偏传统的服装风格，如图5-10所示。

图5-9 韩式风格

图5-10 淑女风格

嬉皮风格的女装以穿着宽松、随性，色彩丰富、缤纷为主，这种风格比较新潮，类似混搭。经典嬉皮风格指的是充满活力和能量、颜色鲜艳的、个性化服装，如图5-11所示。

波希米亚风格的服装设计繁杂，色彩艳丽，具有民族风情，兼收并蓄，并常带有流苏。这种风格崇尚自由和个性，如图5-12所示。

图5-11 嬉皮风格

图5-12 波希米亚风格

田园风格的女装强调回归自然，具有大自然的色彩，通常会加入小碎花和编制品的元素，如图5-13所示。

民族风格的女装是指带有古典色彩或特有民俗风情的服装，具有复古的风情，如图5-14所示。

图5-13　田园风格

图5-14　民族风格

男装按风格划分可分为中国风格、商务休闲风格、运动休闲风格、英伦风格和时尚休闲风格等。

中国风格的男装多以中国元素为表现形式，这种风格的男装具有精练、简便与大方的特点，经常采用藏蓝、白色等颜色，如图5-15所示。

商务休闲风格是指既具有商务装的功能，又具备休闲装的随意的服装风格，提供给人们的是更具品位的生活理念和更多的生活选择。这种风格的服装介于西装和休闲装之间，经常采用咖啡色、灰色、藏蓝色等低纯度的颜色，如图5-16所示。

图5-15　中国风格

图5-16　商务休闲风格

运动休闲风格的男装具有明显的功能作用，方便在休闲运动中舒展自如，它以良好的自由度、功能性和运动感赢得了大众的青睐，其配色丰富、自由，如图5-17所示。

英伦风格源于英国维多利亚时期。英伦风格的男装具有自然、优雅、含蓄和高贵的特点，经常采用藏蓝色、黑色、灰色等低明度的色彩，如图5-18所示。

图5-17　运动休闲风格

图5-18　英伦风格

时尚休闲风格的男装是指男士在闲暇生活中从事各种活动，即在公务、工作外进行休闲活动时所穿的服装，这类服装常采用蓝色、绿色和青色等让人感觉轻松的颜色，如图5-19所示。

图5-19 时尚休闲风格

3. 店铺的主题气氛

店铺的主题气氛主要通过店铺的配色和装饰来烘托。例如，以国庆节为主题的店铺配色大多采用红色，然后通过灯笼和烟花等元素来体现国庆节的节日气氛；以七夕节为主题的店铺大多采用紫色、粉色等可以表达出浪漫和甜蜜的色彩，然后使用鹊桥等元素来体现七夕的节日气氛，如图5-20所示。

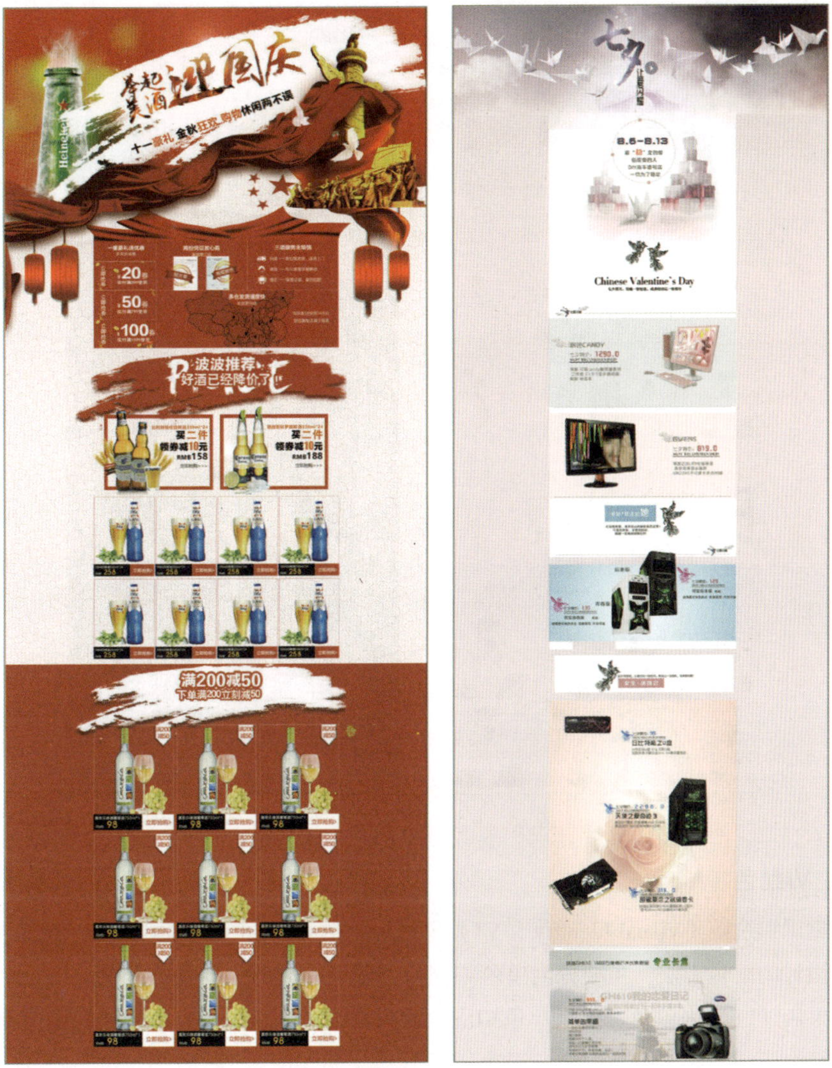

图5-20　店铺的主题气氛

4. 店铺的包装色彩

人们对于一个店铺色彩的记忆往往更倾向于其包装，包装本身也代表着整个店铺的风格定位。

色彩有着自己的语言，可以唤起人们的心灵感知，所以在确定网店主题色调时，应该注意与商品特性相符合，或者与目标消费群体的特性相符合。

如果网店主营18~30岁的女性时尚服饰，那么比较适合的主题色就是偏粉色、红色的柔和、浪漫的色系，如图5-21所示；如果网店主营手机、相机等数码类产品，那么蓝色、黑色和灰色系往往会给消费者理智、高贵、沉稳的感觉，如图5-22所示。

图5-21　偏粉色系

图5-22　偏蓝色系

5. VI配色

视觉识别系统（Visual Identity，VI）配色是指在网店配色中提取VI或对包装中的主色彩进行设计的配色方法，主要分为单色VI配色、双色VI配色和多色VI配色。

如果店铺Logo为单色，那么单色VI配色方案就以该颜色作为整个店铺的主色或辅色，可以使整个店铺看起来上下呼应、干净利落。

如果店铺Logo由两种颜色组成，那么双色VI配色方案就以其中一种颜色作为店铺的主色调，另一种颜色作为辅色。

如果店铺Logo由三种及三种以上颜色组成，那么多色VI配色方案就以其中一种颜色作为店铺的主色调，其余颜色作为辅色。

5.2 网店页面的黄金构图法

在自然界与现实生活中，几何图形随处可见，简单的三角形、正方形、长方形和圆形，甚至随意几根线条就可以组成很多有趣的图形，也很符合现代审美的需求。同时，适当的画面切割能给页面带来动感与节奏感。加入几根线条、几个块面就能对页面起到意想不到的效果。

好的页面构图能够让页面设计更加出彩，也能让设计工作事半功倍。说起构图原理，大致可以分为以下几种：简单切割构图法、组合切割构图法、放射构图法、对称切割构图法、整体场景构图法、流程构图法、物体轮廓构图法、多重切割构图法等，下面将分别对其进行简要介绍。

5.2.1 简单切割构图法

使用简单的线条或图案整齐地分割整个页面，能使画面瞬间变得有趣、生动起来，内容区域也能得到有效的划分。这类构图法对内容没有过多的要求，可以随意安排，具体排版可根据内容来处理。这类构图法具有不可忽视的视觉冲击力，如图5-23所示。

图5-23 简单切割构图法

5.2.2 组合切割构图法

组合切割构图法是通过区块集中而有规律的排列，从整体上抓住人们的视线，让整个页面设计更具有层次感的构图法。这种构图法适合每个区块中的内容属于平级关系的展示，能够保持各种内容的关系，也能让布局更具创意，如图5-24所示。

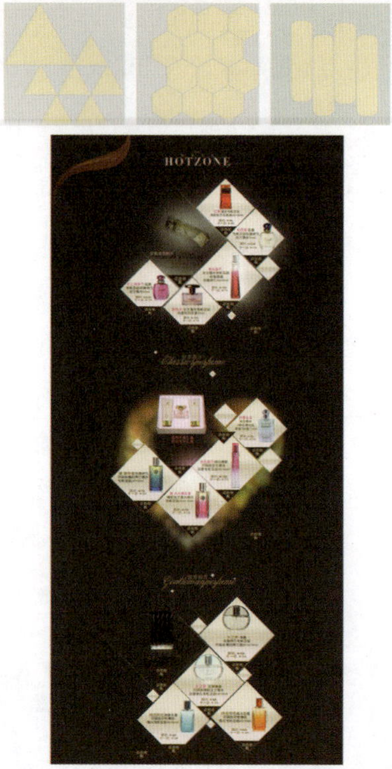

图5-24　组合切割构图法

5.2.3　放射构图法

放射构图法能展示出由一个中心点向四周扩散的效果，让整体页面呈现出立体与空间感，画面冲击力强，富有动感。需要注意的是，放射状的排版不太适合文字阅读，排版时要尤其注意文字的排版方式，在文字数量较少的情况下可以选择这种构图，如图5-25所示。

图5-25　放射构图法

5.2.4 对称切割构图法

对称切割构图法的前提一般是能将内容分为主次两部分，并且这两部分是对立关系，此时将整个页面一分为二，内容划分明确，也更加具有视觉冲击力，可以使画面具有平衡感，如图5-26所示。

图5-26　对称切割构图法

5.2.5 整体场景构图法

整体场景构图法适用于促销、节日、活动等页面。整体场景构图法可以将消费者快速地带入到页面氛围中，使宝贝信息传播更加精准。

在设计这种页面时，头脑中要有画面感，首先搭建大的画面关系，再往里面添加细节和内容。切记场景不要抢了内容的视觉焦点，在适当的时候可以做些减法，如图5-27所示。

图5-27 整体场景构图法

5.2.6 流程构图法

如果设计创意需要按照循序渐进的方式展现商品，不妨采用流程构图法。千言万语不如一张图，页面运用这种构图方式能够将步骤、关系、各个节点以及整体流向展示清楚，再配合图片，一个枯燥的流程瞬间变得个性十足，消费者浏览起来简单又明了，并且充满了趣味性，如图5-28所示。

图5-28 流程构图法

5.2.7 物体轮廓构图法

物体轮廓构图法主要适用于活动、节日或新品创意的专题页面。根据专题页面的主要内容，从整体上构建一个边界或外形线，形成一个大的轮廓，将内容巧妙地填充进去。

物体轮廓构图法能让整体页面更加生动、形象、有趣，如图5-29所示。需要注意的是，设计时要将形状进行轮廓化，加以强调突出，舍弃一些烦琐的、次要的元素，以免影响消费者阅读内容。

图5-29　物体轮廓构图法

5.2.8　多重切割构图法

多重切割构图法的不规则的构图稳定而锐利，干净的排版易于识别，能让单一的页面变得生动，复杂的页面变得时尚，能够避免画面出现生硬感，不宜产生审美疲劳，如图5-30所示。不同的形状和排列，呈现出来的视觉效果也不一样。这种构图方式使用最多的一般是为了体现时尚感、科技感与锋利感的专题。

图5-30　多重切割构图法

在视觉营销越来越注重个性、趣味性以及视觉冲击力的今天，页面的构图也已经千变万化，以上只是列举出了其中较为常见的一部分。不同的主题，不同的内容，构图排版的出发点也不尽相同，上文列举出来的方法也可以搭配使用。

在构思时，我们可以大胆尝试，考虑内容和风格，先确定构图，再往里面添加内容，充分考虑内容的排版，尽量做到让一个页面有大创意的同时又兼顾小细节，实现整体的和谐与统一。

课后练习题

1. 如果你要为女装店铺设计配色，简述自己的店铺配色设计思路。
2. 简述什么是色彩搭配原则七要素。
3. 请分析色彩的联觉现象对珠宝类商品的影响。
4. 请为放射构图法、流程构图法各举出一个实例。

第6章

促销广告文案及电商视觉营销

学习目标

1. 了解广告图片的构图法则。
2. 掌握直通车图片视觉设计的方法。
3. 掌握钻石展位图片视觉设计的方法。
4. 掌握广告海报文案的撰写方法。
5. 掌握促销活动文案的撰写方法。

美国IBM公司创始人沃森说过："科技为企业提供动力，促销则为企业安上翅膀"。促销广告是电商视觉营销中最常见也是最重要的内容，一个成功的店铺离不开各种各样的促销广告。本章将重点介绍促销广告的视觉设计及文案撰写，让读者学会通过合理有效的促销图片设计与文案撰写，传递促销信息，强化消费者的认知，扩大企业销售额。

6.1 广告图片的构图法则

在图片设计中，构图有着自己独特的形式规律。而一幅成功的广告图片，在进行布局构图时是十分讲究的，一定要符合人们的心理和视觉习惯。下面将就构图问题进行探讨。

6.1.1 变化式构图

变化式构图，又称作留白式构图。设计者将商品图安排在某一角落或某一边，同时留出大部分空白，如图6-1所示。画面上的留白能帮助设计者展示一定的感情色彩，给消费者以思考和想象的空间。

6.1.2 对角线构图

对角线构图就是把商品图安排在对角线上，利用画面对角线来整体统一画面元素，如图6-2所示。这种构图的广告图片的特点是富有动感，活泼生动，容易产生视觉的汇聚趋势，吸引消费者的视线，从而达到突出商品的效果。

图6-1　变化式构图

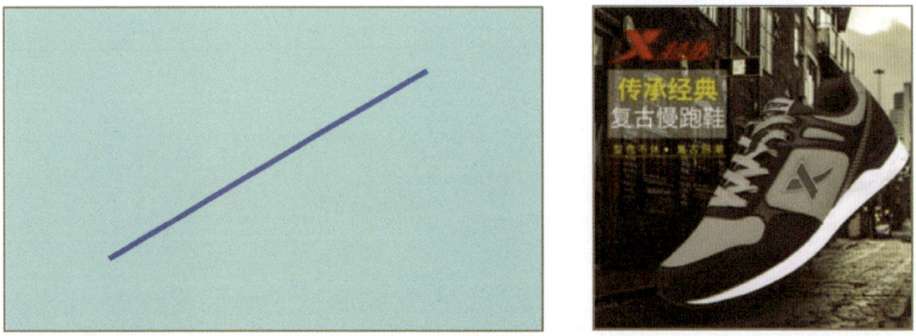

图6-2　对角线构图

6.1.3　平衡式构图

平衡式构图，给人一种祥和、平静的感觉，有一种和谐美。所以很多设计者都会选择这种构图法；但其缺点就是缺乏创新，欠缺新意，如图6-3所示。

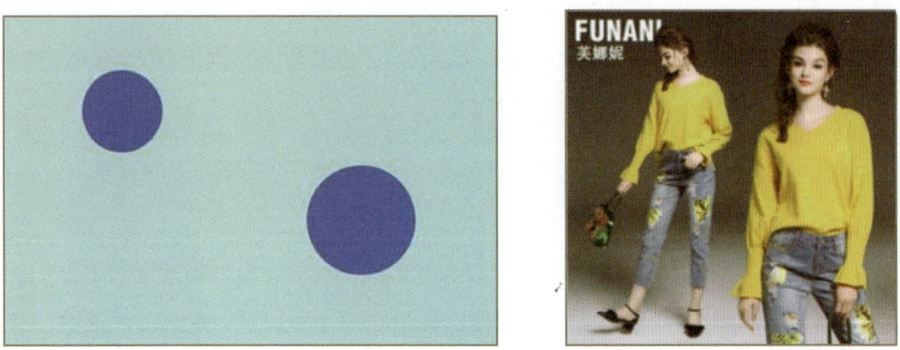

图6-3　平衡式构图

6.1.4　对称式构图

对称式构图给人一种画面平衡、稳定、商品突出的感觉；但其缺点是画面比较呆板，缺少变化，如图6-4所示。

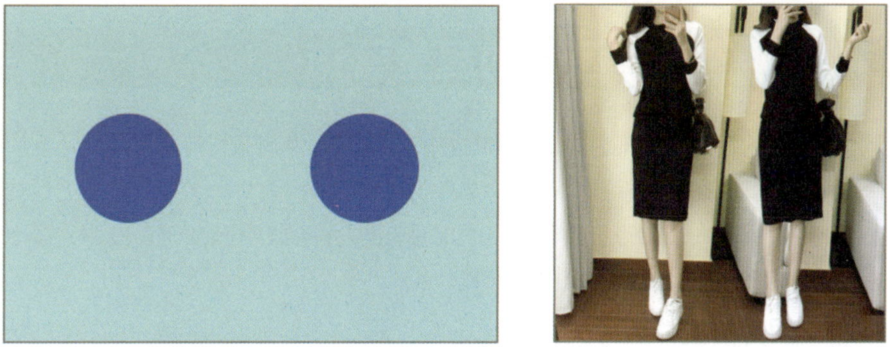

图6-4　对称式构图

6.1.5　紧凑式构图

紧凑式构图，就是将商品以特写的形式加以放大，布满整个画面，使整个页面紧凑、细腻，如图6-5所示。

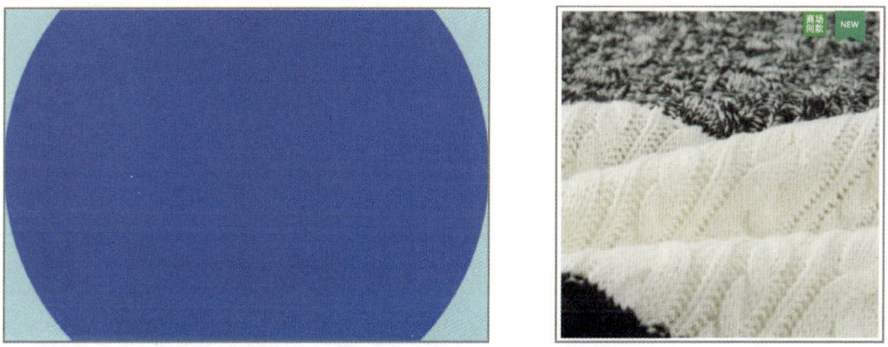

图6-5　紧凑式构图

6.1.6　X形构图

X形构图是对角线构图的升级版，也被称为放射式构图。其将视觉焦点放置在画面的中央位置，让每一条放射线的中点都位于视觉焦点之上，如图6-6所示。采用X形构图能够获得严谨的美感，尽情释放商品拥有的自然纯美，充满活力与激情。

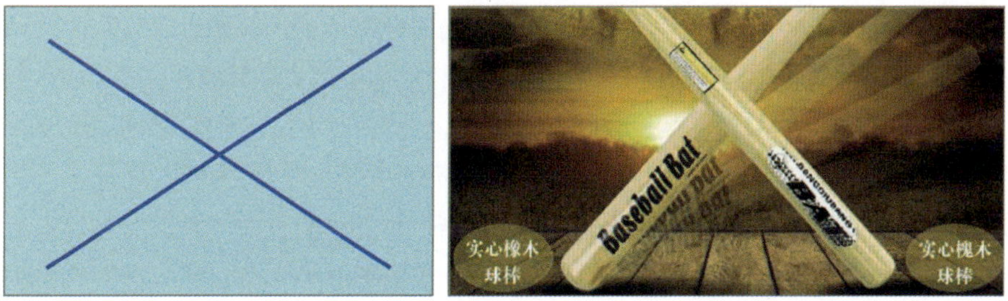

图6-6　X形构图

6.2 直通车图片的视觉营销

直通车图片的视觉效果不容忽视，消费者通过搜索关键词进入搜索页面，从直通车展示位最先看到的就是图片和标题，而图片又占了绝大部分的位置，所以直通车图片在极大程度上影响了直通车商品的点击率。优秀的直通车图片能吸引消费者进行点击，有点击才有可能有转化，从而提升直通车推广的效果。

6.2.1 图片的整体设计风格

如何运用图文结合的方式来展示商品是直通车图优化的重点。在制作任何促销图片之前，首先要做的就是根据商品或文案来进行风格定位。我们可以根据直通车的投放计划确定直通车商品推广所投放的位置（第几页、第几个商品），方便对周边商品进行分析，从而在设计上使自身图片更为突出，更容易引起消费者的注意。

某床上用品的商品如图6-7所示，设计者确定了商品投放位置在红框位置，发现周边商品基本全部选用浅色调，也没有体现价格优势。相对而言，这款被子直通车图片的制作，首先在色调上进行了区分，因为商品颜色不可改变，因此通过改变背景来突出与其他商品的差异性；在文案上，为了体现价格优势及促销活动，使用限时抢购的字眼，营造了活动优惠的紧迫感。

图6-7　直通车图片应用案例

其次，确定推广的商品所针对的消费群体，同时分析他们的喜好，以确定图片设计风格及颜色；分析他们的消费能力，以确定使用什么样的促销方式是其最容易接受的；分析他们的生活习惯，合理调整直通车的投放时间和策略，与竞争对手拉开差异，增加投放效率。

图6-8所示的被子的直通车图，它所针对的群体是可爱、时尚的学生或青年，这些从商品款式及商品图的拍摄风格就可以体现出来，所以在制作直通车图片时，也要走年轻、时尚的可爱风；图6-9所示的这款被子针对的消费群体是中年人士，他们对商品的质感和品位的要求会相对较高，所以在制作直通车图片时就要着重营造商品的高端品位。

图6-8　针对年轻消费群体直通车图

图6-9　针对中年群体直通车图

确定图片风格定位以后，就可以进行直通车图片的制作了。

6.2.2　突出产品卖点

在商品主图中可以出现店铺的说明信息，然而受图片尺寸的限制，且商品主图的主要功能在于展示商品本身，所以商品主图中只能放或者说只需要放店铺品牌的徽标即可，利益点说明也主要针对单品而言。

相比之下，在店铺推广直通车图片中则可以放置更多的内容来展示店铺信息，利益点的说明方面也可以偏向于整个店铺的利益点，如图6-10所示。

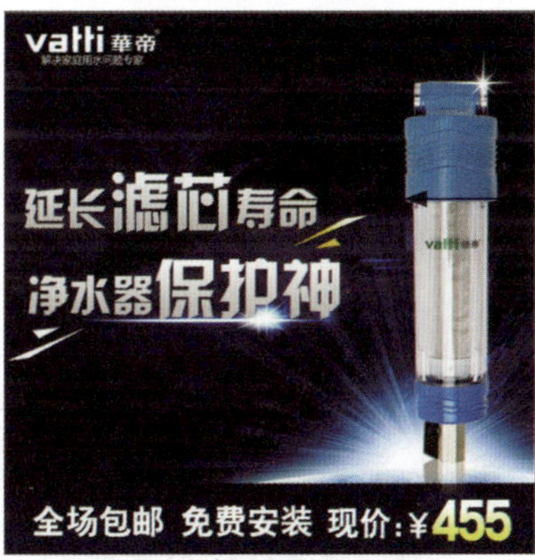

不仅有针对所展示单品的利益点信息说明，也通过“全场包邮”表明了店铺的利益点

图6-10　直通车主图

在店铺推广直通车图片中添加店铺、品牌的更多说明信息，能让消费者从更多方面认识店铺、品牌，也能进一步增强消费者对店铺、品牌的认同感，提升图片的可信度。同时，店铺利益点信息的添加也能促使消费者进行点击，图6-10告诉消费者“全场包邮”而且“免费安装”，消费者便可能会进入店铺消费，从而为店铺增加流量与销售额。

6.3 钻石展位图片的视觉营销

考察钻石展位图片投放性价比的关键在于点击率。在同样成本支出与展现量的情况下，钻石展位图片的点击率越高，其所起到的引流效果就越明显。要想提高钻石展位图片的点击率，就离不开让图片更有吸引力的视觉处理。

6.3.1 博取眼球的创意设计

创意需要灵感和积累，并不是在短期内就能随随便便产生的，但创意都有其所针对的对象，以此为切入点就可以较为轻松地进行创意设计。

例如，拍摄商品时转换相机的位置，用不同的角度进行表现，便可以为钻石展位图片带出不一样的表现形式与视觉冲击力。对比图6-11所示的两张商品图的拍摄角度，你认为哪个角度更具有视觉冲击力呢？相信大多数人会选择图6-4（a）的拍摄角度。

正面与侧面相结合的拍摄角度，尤其是正面，给人以迎面冲来的视觉感受，富有视觉冲击力

（a）

侧面拍摄角度是较为常规的拍摄角度，少了几分新鲜感与吸引力

（b）

图6-11 不同角度拍摄商品

除了改变商品的拍摄角度外，对商品进行富有造型感的摆放也能体现创意与吸引力。对比图6-12所示的三张图片，你认为哪一张更具有视觉冲击力呢？相信大多数人会选择图6-12（a），其次为图6-12（b），而最不具有吸引力的便是图6-12（c），因为它最为常见，所以不具备新鲜感。

生动、灵活的商品摆设

（a）

整齐排开，中规中矩

（b）

常见的单鞋摆设

（c）

图6-12　不同造型商品摆设

6.3.2　统一图片设计风格

对于钻石展位图片而言，明确的主题能促使消费者点击图片，也是激发消费者潜在需求的重要武器。因此，图片的设计也需要根据钻石展位的主题设计统一的风格。

通过图片背景的设计可以烘托出图片的整体氛围与设计风格。钻石展位图片背景的设计主要有两种方式：一种为合成背景；另一种为通过拍摄道具构建出情景，从而营造图片气氛，如图6-13所示。

图6-13　不同的图片设计风格

6.3.3 确定重点表现元素

只有统一的图片风格是不够的，钻石展位图片更重要的意义在于通过图片的设计对店铺或商品进行推广，从而带来流量，因此搭配适当的色彩、控制好相关元素的尺寸也是让钻石展位图片具有足够吸引力的关键。

在设计钻石展位图片时，需要确定图片的重点表现元素。图6-14所示的两张图片的重点表现元素为优惠价格，因此两张图片中的价格元素都是颜色醒目、尺寸较大的，因为只有使价格元素足够突出，图片才具有煽动性，才能吸引消费者进行点击。

图6-14　重点突出优惠价格元素

6.4 广告海报的文案策划与撰写

网店中最惹人注目的就是一张张设计精美的海报了。海报设计是视觉传达的表现方式之一。通过海报在第一时间吸引人们的目光，并瞬间刺激人的视觉，这就要求设计者能够将图片、文字、色彩、空间等要素进行完美的结合，以恰当的形式向人们展示出宣传信息。

6.4.1 网店中的广告海报

如今是一个可以轻松完成“货比三家”的时代，当消费者在浏览过大量商品后，很容易陷入审美疲劳状态。海报就起着吸引消费者视线、激发消费者购物欲、引导消费者下单的重要作用。

一张好的电商商品海报包含品牌、主标题、副标题、辅助说明、商品卖点和精美的图片。图6-15所示为某款深海鱼油的商品海报，图片用蓝色基调突显出深海鱼油的特征，主图文案也一目了然、简明扼要。

主标题：标杆级优质鱼油。

副标题：珍爱晚年，远离三高。

辅助说明：德国医师推荐品牌。

商品卖点：单粒含量业内高 / GMP国际制药标准。

图6-15 网店中的商品海报

海报作为消费者进店后看到的最具视觉冲击力的宣传工具，将商家和消费者紧密联系在一起，它通过文字和图片元素传递给消费者最重要的商品信息，以提高消费者对商品的认知，从而激发他们的购买欲望。如果消费者浏览完海报却没有产生任何行动，或者直接关闭宝贝页面，就说明海报文案是比较失败的。

6.4.2 广告海报的文案写作技巧

说到海报文案，相信很多人都会第一时间想到海报上的商品，或是犀利的海报文案，而文案也正是从商品本身出发的。一张令人舒心的海报一般包括和谐的色彩搭配、好看的商品图案和对应的文案。

一般来说，消费者在获得某商品的相关信息后就会对该商品产生注意。此时，文案就变得特别重要了。文案作为传递信息的载体，直接决定着广告海报的成败。海报中的文案一定要一目了然、简明扼要，让消费者看了以后能立刻产生点击的念头。图6-16所示为某款太阳镜的海报文案。这款商品的核心信息就是“偏光太阳镜 安全出行”。

图6-16　网店中的商品海报案例

那么，怎样才能写好商品海报的文案呢？

1．写好主标题

海报文案中的主要信息包括主标题、副标题和附加内容，有的海报还会添加商品卖点或促销信息等。一张优秀的海报少不了一个出色的主标题。消费者看广告海报最先看到的就是主标题，如果主标题不能第一时间吸引消费者眼球，消费者就会失去继续访问页面的意愿，从而离开页面。可见，海报是否可以成功地对消费者进行营销，很大程度上取决于主标题是否足够吸引消费者并激发其好奇心。因此，在做商品海报文案时，写出一个非常吸引人的主标题就显得非常重要了。

图6-17所示为某款口红的海报，“一抹自然出彩 唇齿流连花香”就是这款口红的海报主标题，其直接点明了商品的特点，能吸引消费者进行点击。

图6-17 写好海报主标题

2. 做出好创意

颇具创意的文案总能在常规中脱颖而出，让人耳目一新，司空见惯的“新品大促”“超值优惠”“疯狂打折”等文案现在已经过时。好的文案不能仅写两句看似优惠力度大的话语，也不能王婆卖瓜地讲述自己的商品如何好，而是要让消费者被你的好创意打动，从而心服口服地购买商品。下面简要介绍三种做出好创意的方法。

（1）设悬念

布下疑阵，使消费者乍一看广告海报不解题意，产生一种猜疑、紧张的心理状态，在其心里掀起层层波澜，驱动消费者产生强烈的好奇心，引起消费者产生进一步探明广告题意的强烈愿望，然后通过广告标题或正文把广告的主题点明，使悬念得以解除，给人留下难忘的心理感受。

（2）使用诱惑字眼

将某个商品或主题直接如实地展示，充分运用摄影或绘画等技巧的表现力，细致刻画并着力渲染产品的质感、形态和功能、用途，将产品精美的质地通过具有诱惑性的字眼呈现出来，给人以逼真的现实感，使消费者对所宣传的产品产生强烈的亲切感和信任感。

（3）突出产品特征

在运用这种创意写作手法时，需要抓住和强调商品或主题本身与众不同的特征，并把它鲜明地表现出来，将这些特征置于广告画面的主要视觉部位，或加以烘托处理，使消费者在接触画面的瞬间立即感受到其独特性，引起消费者的视觉兴趣，达到刺激其购买欲望的目的。图6-18所示为一幅男装品牌的电商海报，选择了“潮流，就要放肆‘清’”这样的创意主题进行宣传。

图6-18　创意主题网店海报

3. 借力热点话题

网店海报往往占据网店的核心位置，为了吸引消费者的注意，通常会与社会流行的热点话题、热门影视剧等相联系。图6-19所示为江小白与当时热点话题“国足”相结合的网店海报，从而成功地吸引了消费者的眼球。

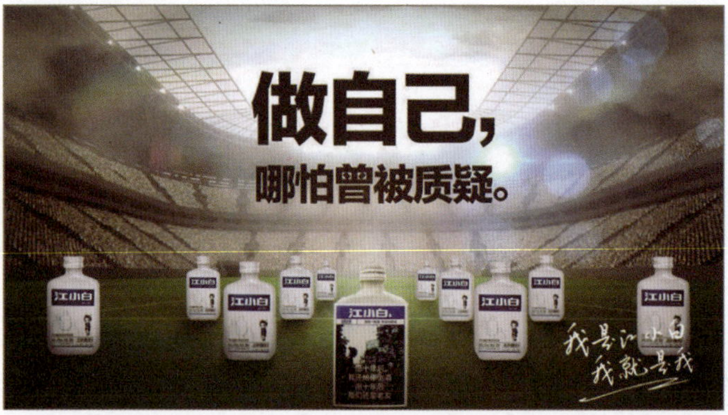

图6-19　借力热点话题网店海报

4. 好文需要配好图

文案写得很长很用心，更要找一个优秀的设计师处理好配图。图的搭配十分重要，每一个产品特征配上一张细致的图，效果就会比纯粹的文字强几倍。如果有必要还可以制作GIF动态图、拍摄短视频。用文案说明细节，用图片帮助消费者缩短理解的时间。

6.5 促销活动的文案策划与撰写

每当遇到“双十一”“双十二”或其他电商节日时，电商网店都会运用各种手段吸引消费者的眼球。这时网店的总流量获得了非常大的提升，如何最大化地将其导入自家网店，增加网店商品的点击率和转化率，是各网店最需要解决的问题。

6.5.1 网店中促销活动的文案

为了抢占市场，各大电商品牌或普通网店店铺的掌柜都用尽浑身解数，进行各种类型的品牌营销及促销活动。“双十一”“双十二”这类电商大促的购物节更是如此，类似节日营销、周末营销、事件营销也是网店促销活动的常态。

网店活动促销的文案，即对活动期间包括商品、商品优惠政策等进行整合描述，以期拉动消费者购买力的电商文案。网店促销活动期间的文案要求要有一定的诱导性，要想写好促销活动文案，就要讲究促销活动文案撰写的技巧。

6.5.2 网店促销活动文案的撰写技巧

在促销活动期间，促销活动文案的撰写对商品的转化率起着重要的作用，如何写好促销活动文案，将促销期间的时间优势充分发挥出来呢？这就需要掌握文案的撰写技巧，具体如下。

1. 善于利用活动促销期

许多店家的商品在促销期间的销量是平常销量的几倍，因此不少电商品牌非常重视各类网络促销活动。例如，在某年“双十一”促销活动之际，裂帛品牌推出了下面的左右文案，在吸引消费者的同时又让店铺充满了文艺的氛围，取得了不错的传播效果。

左文案：

裂帛的创始，
起于一次大雨，淋湿的现实，
连同淋湿的画稿，
连同两个青涩的毛丫头，
被不尊重地赶出制衣厂的大门。
更早的创始，
起于苗族奶奶太阳下手绣的指尖；
起于“扎西德勒”在漫山遍野的问候；
起于所有美好在内心千军万马般灿烂地坐化。
内心呐喊与现实话语强烈地高分贝冲撞，
就这样，开始。
撕裂丝帛，
当然，也一样，可以撕裂常态，撕裂规则，撕裂时空，
撕裂那些狼狈而苍白的人生，
撕裂那些委屈而难以割舍的情感。

一直，这样在发生，

一直，这样到现在，

一直都这样，哪里都是这样。

进入下一个未知探险，

从一个觉知空，到一个觉知圆满，

向内，以此渐进。

右文案：

我们说：二零一二，相信美好。

这一刻，您一定刚刚试穿好裂帛（或非池中），正摊开这一纸问候，请见谅并理解。

在这个出货量剧增的时间里，给你带来的一切不便。

那么，换上温暖，开始穿扮新一季冬日生活的美好吧！

这一刻，送快递的小伙子们一定还在寒冷中，寄送那些尚在途中的温暖衣裳，

那是流动的、美丽的时间之舞。

这一刻，客服的姑娘们还在敲打键盘、接听电话、解释每一个细节，

那是我们一起在乎的每一个细节，为了更好的明天。

这一刻，所有刚刚歇了口气的工作人员，又开始了新一轮忙碌。

这一刻，对每一个经过或并行在我们身边的人说，“你是最好的那个”。

在我们相互理解和关切中，那些不如意和疲惫一抹而去。

生活就是面对现实，然后微笑，快乐地微笑，

原来你和我有相同的感触，原来这样生活可以更美好，原来周遭还有这么多感动。

透过彼此的角度与事业带来的新体悟，你我将装载着满满的心灵能量启程。

在路途中，走进正在发生的美好事物，

这美好，就如《桃姐》，人情之暖就像坚叔带阿婆回乡下的桥段，随处在。

生活不仅要大恩大义的情怀，更需端水送米的易举，

这美好是心怀感激，就如“裂帛彩虹列车”项目组在9月接到的一则短信：

“松娜拉姆考入了县城重点中学的尖子班，让我代发短信告诉你们，感谢你们之前的帮助。”

这美好是爱的愿力，就如在“让爱无忧”项目中，结识的一位女画家胡秀，

她待流浪猫狗如家人，给重病的猫按摩、泡脚，救活了医院无法救治的流浪猫。

这美好是裂帛《最美的学习》，那不仅是爱情，

是生活之海溅起的每一滴诗意的浪花，更是来自于经历的美。

让我们在生活的磨砺中，一直一直，相信美好！

2. 针对不同的消费人群做不同的活动策划

现在的消费者购物不再像以前那样喜欢跟风，他们都想找到适合自己的商品。由于消费者个性化越来越强，因此在进行促销宣传时要尽量根据不同的消费人群制定相应的文案策划，让其加深印象，从而产生好感。

促销文案撰写时的语言风格也要尽量符合消费人群的用语习惯。例如：

如果消费群体以老人为主，应多以晚辈的口吻，表达得通俗易懂；

如果是少儿群体，应多以活泼可爱、充满童趣的语言来表达；

如果是“80后”“90后”的年轻时尚群体，应多以网络语言、幽默诙谐的语言来表达。

语言恰当可以拉近与消费群体的距离，也能突显促销氛围，易于被接受和认知。

图6-20所示为回家吃饭APP推出的促销活动文案，这个促销活动就是针对年轻人进行的定向营销推广，所以文案撰写的风格也比较贴合年轻人。

图6-20　定向营销推广文案

3. 激发消费者的活动参与感

促销活动如果没有消费者的参与，就是一场无法落地的镜花水月。因此，优秀的促销活动文案要能激发消费者的活动参与感，要能让消费者在看过文案以后一方面了解活动的规则，另一方面愿意积极地参加活动。

图6-21所示为某款干发帽的促销活动文案。该促销活动是一场需要消费者参与的活动，即买家秀征集活动。文案一方面将消费者的参与方式清晰地罗列了出来，让消费者感到参加活动并不复杂；另一方面，明确列出了参与活动的奖励，鼓励消费者积极参与活动争取礼品。

图6-21　干发帽促销活动文案

课后练习题

1. 简述广告图片的构图方式，并针对各构图方式各举出一个实例。
2. 在淘宝上找出直通车做得好的店铺，分析其直通车图片的优势。
3. 请为某品牌冰箱撰写广告海报文案，并说明撰写理由。

第7章 电商视觉营销与文案的完美融合

学习目标

1. 掌握精简的图片及文案的表现形式。
2. 掌握商品包装设计与文案撰写的技巧。
3. 掌握撰写商品评价回复文案及商品咨询回复文案的技巧。

很多商家在做视觉营销时，经常把重要的、不重要的、好的、坏的信息都展示在消费者的面前，以为这样就能增强对消费者的吸引力，但其实没有主次之分的信息杂乱地呈现反而会让消费者眼花缭乱，使消费者放弃对信息的浏览。因此，在进行电商视觉营销与文案的创作时，一定要注意分析并提炼商品的核心卖点。

7.1 图片及文案的精简表现形式

正如建筑大师密斯·凡德罗提出的那样："少即是多"，对于电商视觉营销而言，有时精简的表现形式并不意味着呈现的信息少了，集中精力看似牺牲了许多装饰与信息的传达机会，却更便于消费者对已有信息的捕捉。

7.1.1 牺牲信息，不拖点击率后腿

有些卖家希望向消费者传递更多的信息，从而换取转化率，然而这种想法一旦应用到商品主图，却可能成为拉低点击率的罪魁祸首。

图7-1所示的图片中展现了诸多的信息，然而它就像是一个过于热情的售货员，滔滔不绝地介绍了商品的诸多特性，却没有考虑到消费者是否能够接收这些信息，相反，此时的消费者可能早已看得云里雾里。所以说，简单、直白的表现才能让信息更具传播度与感染力。

图7-1展示了五条信息，由于受到商品主图尺寸的限制，图片看起来显得非常拥挤。图片中呈现的信息太多，不利于消费者集中注意力，导致信息难以被消费者很好地识别，而且会与商品的展示发生视觉冲突。

图7-1　商品主图

可以这样说，当这张商品主图展示在消费者眼前时，有些信息的添加是没有发挥作用的。除了显得图片拥挤以外，一些信息在一定程度上也显得累赘、没有必要，如小容量的商品图片在主图中展示不仅显得啰唆，也占据了过多的空间，不能让主图中的重点得到突出显示。因为对于购买保温杯的消费者而言，在购物初期他们或许并不在乎商品是否有多种选择，他们更看重的是商品是否为正品，是否具有良好的保温效果。

因此，商品主图要在第一时间抓住消费者的眼球，这种把所有属性都塞进商品主图的设计显然并不合适。此时，信息的必要牺牲能让图片变得更加整洁、引人注目，如图7-2所示。

图7-2　必要的信息牺牲

没有主体就不能形成视觉焦点，消费者也就不能很好地明白主图的意图，牺牲部分信息能让图片变得更为整洁，让信息在有限的图片空间内以更便于阅读的方式显示在消费者眼前。

7.1.2 围绕卖点信息牺牲

除了商品主图以外，在进行其他图片的设计时，也要考虑到图片需要重点表现的信息，要对信息进行筛选与牺牲。

图7-3所示为一张轮播广告图，图片中突出了羽绒皮衣的三大卖点以及店铺其他的商品，然而这些卖点真的能让消费者产生足够的购买动力吗？图中已经罗列了店铺与商品的三个卖点与特色，但又列出了店铺的其他商品，消费者可能并不会仔细地阅读这些信息，因为消费者在浏览页面时可能并不愿意花费过多的时间对广告图片进行仔细研究，此时简洁的图片才更具冲击力。

图7-3　轮播广告图

图7-3所示的这张轮播广告图虽然罗列了羽绒服的主要卖点，但下面关联销售的商品与重点展示的商品无关，这时卖家就需要做出牺牲，找出最有价值、最有辨识度的卖点进行突出，这样才能给消费者留下足够深刻的印象。

同时，卖点的描述词汇不能太笼统、空洞，这样的描述不能让消费者直观且贴切地了解商品的具体优势，以及商品能给消费者带来什么样的直接利益。这时卖家就要去思考消费者的真正需求是什么，并从中找出能让其心动的描述语言。

图7-4所示为某款羽绒服的轮播图设计：在冬天虽然说购买羽绒服最重要的目的就是为了保暖，但羽绒服相比其他薄款的衣服来说难免显得臃肿，但在这张图片中突出了穿上这样的羽绒服后能够带来收腰与瘦脸的效果，既显得非常直观，又能一语中的地抓住消费者的购买心理，“圆你一个窈窕”。牺牲掉了一些繁复而不具效应性的描述，一句简单的文案便能牢牢地抓住消费者的眼球与购买心理。

或许你的商品有诸多的卖点，但在进行广告设计时，却需要注意牺牲掉过于常见、不具个性感及表现力的卖点，因为有时不具画面感的卖点无法引起消费者的共鸣，而没有共鸣的卖点自然也不能吸引消费者。

图7-4　好的轮播图设计

可能有时我们筛选出来的最富有商品个性的卖点也是其他同类商品的卖家会想到并争先恐后去表现的卖点，那么在进行广告图片的设计时还需要做出进一步的牺牲——围绕这一突出卖点，进行广告图片中图文编排的牺牲。这种牺牲不仅能保持广告图片的简洁感，避免杂乱，简单的点睛之笔有时也能富有新鲜感，在吸引消费者眼球的同时也便于消费者对信息的捕捉，让图片更具广告效应。

7.1.3　牺牲部分受众，形成购买的噱头

在电子商务中，信息的传播不同于纸质媒体，它避开了打印、审批、复印与发行等一系列复杂的实现与传达过程，具有更迭速度较快的特点，而这一特点也使电商视觉营销有了“牺牲”的条件。

图7-5所示为某家纺品牌为某款床上四件套商品所制作的广告图片，不难发现，该图片以“情人节”为主题，向消费者传递出了节日的气氛，其中包含的情感能在一定程度上打动消费者的内心从而促成购买，同时这其实也是一种牺牲。

图7-5　某家纺品牌广告图片

四件套是家庭日常的生活必备品，受众群体广泛，不仅可以作为礼物，也可以是新娘的嫁妆、家庭的床上用品……因此，有的卖家会认为图7-6所示的广告图片更适合作为四件套的宣传图片，因为其更加面向大众的设计方式没有任何局限性，或许能够获得更多消

费者的认可。的确，这张图片作为平时的宣传图片是完全可以的，然而在各种节日到来时，卖家就必须要具备牺牲的精神，“牺牲”这种四平八稳的设计方式。

图7-6 四件套广告图片

自从电子商务大潮兴起后，各大电商平台对“造节”“拼节”乐此不疲。一个原本普通的大众化节日都会带来一场电商促销的盛宴，甚至有些电商平台会自己制造出一些“节日”，其中最典型也最成功的莫过于天猫商城平台的“双十一”购物节了。

除此之外，电商卖家也从不放过春节、情人节、母亲节、父亲节、儿童节、端午节、中秋节等节日，一个节日的来临就意味着有了一个可以吸引消费者购物的商业噱头，而面对这些纷至沓来的节日，卖家在视觉营销时应该有针对性地做些什么呢？答案还是——“牺牲”。

例如，图7-5所示的广告图片看似牺牲了一部分受众群体，使商品似乎只面向了“恋人”这一相对小范围的群体，但该广告因为浪漫的情人节而形成了购买的噱头，并对消费者形成了情感的触动，所以这一牺牲更能打动人心，也更能引发消费者的购买行为。

又如JON BAG店铺，卖家对店铺中的箱包商品进行宣传与推广时便进行了相应的牺牲。JON BAG店铺中箱包的款型可谓多种多样，如图7-7所示。

图7-7 JON BAG店铺中箱包的分类导航条

而在制作商品的广告图片时，卖家并没有在图片中放置所有类型的商品，而是进行了分类的牺牲。例如，图7-8所示的图片，卖家制作了各种系列的箱包图片，为表面具有特色线条的箱包设计了“线性”系列的广告图片，为有格纹的箱包设计了“玛格丽特小镇”系列的主题广告图片。但在选择需要支付广告费用的钻石展位图片时，这些图片都没有被选中，这是因为卖家又做出了取舍。

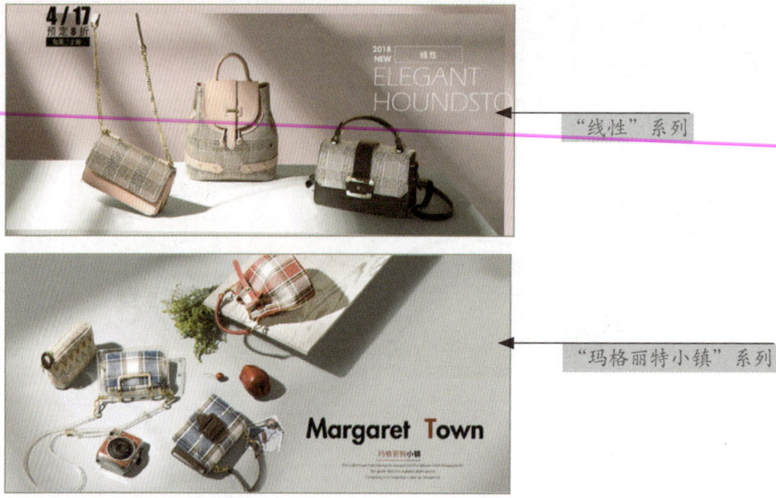

图7-8　JON BAG广告图片

卖家最终选择了图7-9所示的广告图片作为钻石展位图片进行展示。首先，考虑到当时的季节为夏季，因此在制作广告图片时卖家选择了与夏季相呼应的商品图片。在夏季推荐符合该季节特色的相应商品，能够进一步满足消费者的当下需求，虽然牺牲了另外一部分商品的展示，但选择符合季节特色的商品进行推广才能进一步引发消费者的购买兴趣，让图片更具广告效应。

图7-9　钻石展位图片

迎合节日或季节，以它们为主题的广告图片的确可能会牺牲部分受众群体，但这种能集中精力的牺牲会换来广告的噱头，更能激起消费者购买的激情与冲动。

“更大的网能够捕捉更多的客户”，有时卖家往往就是被这样一句话所禁锢，于是舍不得做出牺牲，害怕做出牺牲后会失去一部分受众群体，销售额也会因此降低。其实不然，因为牺牲的目的并不是舍弃消费者、拉低销量，而是通过某些牺牲更有针对性地锁定目标群体，寻找广告设计的噱头，只有这样才能牢牢地抓住这部分群体，也才能更大限度地发掘出这部分消费群体的购买潜力，提高购买的转化率。相比之下，大众化的、没有集中力量的推广方式看似人人受益，却缺少了攻破人心的诱惑力。

7.2 围绕商品服务的视觉营销及文案撰写

服务就是一张感情牌，良好的服务的确在一定程度上会牺牲店铺的利益，也会让店铺花费更多的成本，但这种牺牲能帮助店铺获得不错的收益。

7.2.1 针对商品特点的服务牺牲

价格折扣、附赠礼品、买一送一等都属于卖家的让利行为，它们都是吸引消费者购买商品的要素之一。很多时候，卖家都会选择通过牺牲一些利益来获得更多的销售额，如图7-10所示。

图7-10 通过价格折扣和赠品吸引消费者

除此之外，优良的服务也是一种必要的让利牺牲。有些卖家会选择推行VIP制度给消费者带来至尊的服务体验，以此来避免商品的同质化，用更具特色的服务留住消费者。类似地，卖家还可以根据商品类别推行更加个性化的特色服务，此时的服务不仅是店铺与众不同的地方，也能成为一个吸引消费者的诱惑点。可以这样说，必要的服务让利是获得消费者好感、引发其购买行为的关键。

假设现在你就是消费者，需要购买一个玻璃杯，当你看到图7-11所示的两张商品主图后会选择点击哪张图片？

估计大部分人会选择点击图7-11（b），抛开玻璃杯的外形、功能、价格和赠品等因素，当看到“破损包赔”的字样后，不少人都会有一丝心动。

因为玻璃杯这种商品具有易碎、易破的特点，网购不同于实体店购物，其必定会经过运输这一环节，因而想在网上购买玻璃杯的消费者或多或少地都会担心商品在寄运过程中被损坏。

针对这一问题，卖家推出了“破损包赔”这项服务，打消了消费者的这个顾虑。表面上看这项服务牺牲了卖家的利益，然而优质的售后服务能够赢得更多消费者的青睐与信任。

（a）

（b）

图7-11　玻璃杯商品主图

同理，网购消费者不能身临其境地感受商品的特点，为了让消费者拥有更好的购物体验，卖家可以推行试用、试穿等服务，也能提高消费者购买的可能性。

图7-12所示为某电商眼镜店铺的商品详情页内容，告知消费者可以免费试戴，这在一定程度上打消了消费者担心商品不合适的顾虑。服务牺牲的视觉设计不需要过于花哨，明确地说明服务内容是表现的关键，图7-12便通过醒目与简洁的文字传递出了服务信息。

图7-12　眼镜店铺商品详情页

除了卖家自主发起的试穿、试用活动外，各个电商平台也推出了类似的板块。以淘宝平台为例，其推出了图7-13所示的“阿里试用”板块，给消费者提供了更多的试用机会。

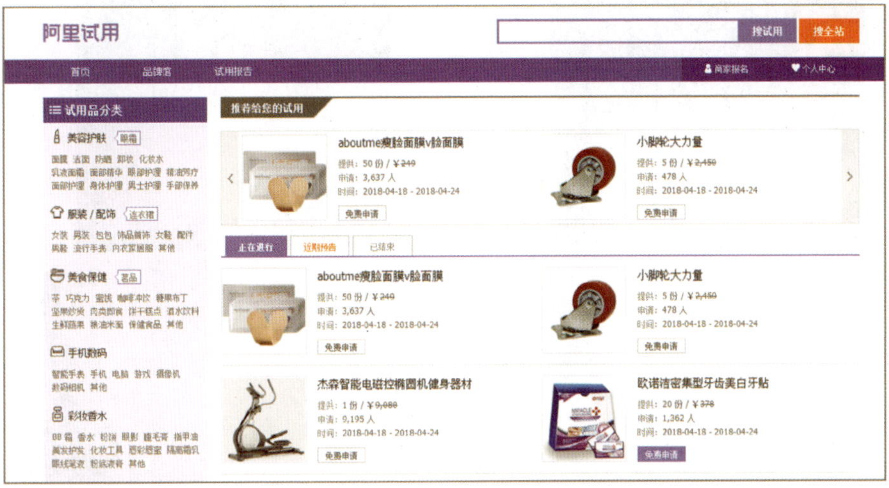

图7-13 “阿里试用”板块

卖家参与“阿里试用”这样的活动看似会因试用品而牺牲一部分利益，实际上却能够通过消费者的“试用报告”换来更多的信赖与口碑。

当消费者成功申请到试用商品后，卖家会将试用商品免费赠送给消费者，而这一牺牲换来的是一份份试用报告，而试用报告也会带来较高的关注度。

试用报告是消费者在使用商品后的真实感受与体会的呈现，就像“买家秀”一样，相对于卖家的一面之词而言，消费者的评论与感受更具真实性与参考价值，因此试用报告更容易赢得其他消费者的信任。

同时，试用报告的评论功能让消费者形成了更加用心地写好报告、给其他消费者呈现更加完整的报告信息的心理。人人都喜欢被赞美，可以说试用报告不仅给了消费者一个试用的机会，而且让他们有了展示自己才华的空间。

图7-14所示为某款润肤膏的试用报告，该试用消费者在试用报告中全面地说明了商品的信息，从细节的展示，再从新旧比较到上手试的效果展示，给其他消费者提供了更为可信的建议，也会促使其他消费者购买商品。

同时，在试用报告中也会有试用商品的链接按钮，这使试用报告的推广效果更为明显，如图7-15所示。当消费者看到绘声绘色而又不失真实性的报告并产生购买的冲动后，能够立即通过试用报告页面跳转到购买页面。

卖家参与“阿里试用”活动，虽然牺牲了一部分商品的利润，却能增进消费者对商品体验的兴趣与乐趣，也因此增强了消费者购买的参与感与积极性，对商品与店铺起到了一定的推广与宣传作用。

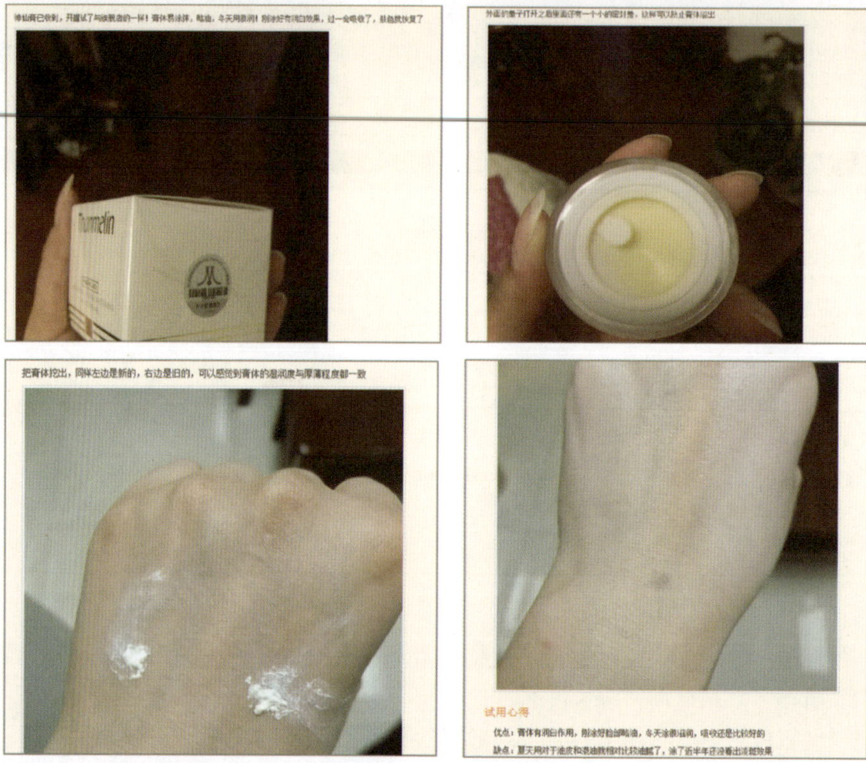

图7-14　试用报告

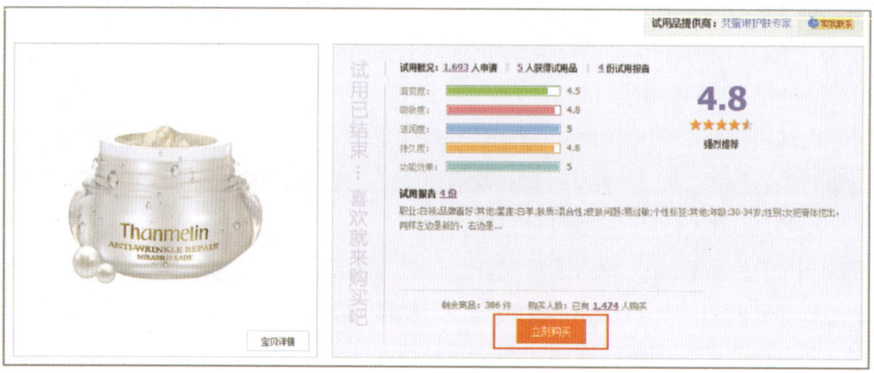

图7-15　商品的链接按钮

卖家根据商品特点制定相应的特色服务，能在一定程度上降低消费者因为网购而需要承担的风险，牺牲了部分利益却能让消费者更加放心大胆地进行购买。在这一过程中，卖家需要将特色服务通过视觉设计呈现在消费者面前，如商品主图的设计等。还可以通过向消费者展示服务，将视觉设计的权利转移到消费者手中，这样不仅能够调动消费者参与的积极性，还能靠真实与可信的评价提高店铺的转化率。这就是牺牲必要的利润后形成的特色试用服务。

7.2.2 包装的设计与文案

商品包装就像是商品的外衣，是商品的“门面”，是消费者在接触到商品时对商品产生的第一印象。如果想要这个商品畅销，包装是一个非常大的突破口和亮点。在互联网世界，商品包装文案也十分重要，许多商品之所以畅销不仅是因为商品本身好，也因为它的包装文案写得好，好的包装文案就是商品的一种广告，它对于消费者是否会对其再次产生购买欲望起着至关重要的作用。

商品外包装上的文案必须清楚地标明商品品牌的名称，并突出显示以彰显品牌的个性。此外，还要解释清楚商品会为消费者的生活带来什么样的便利。同时，包装文案的写作还要遵守法律规定，如列明商品配料清单等。

在很多商品的外包装上，给予文字的空间是有严格限制的，甚至在你想出文案之前，那些规定必须要有的信息内容就几乎已经布满了包装了。因此，要与包装设计者和制作者一起商讨，确定每一个具体商品的外包装上预留的文案空间。同时，还要控制好文案字数，一定要做到精练，没有一句废话。

图7-16所示为某款牛奶的外包装，在该商品外包装上只写出了品牌名称（致轻）、品牌口号（有致营养、好享生活）以及本次活动的广告语（撇开伪装、自然点！）。

图7-16　产品外包装文案

包装正面和背面的文案是有明显区别的。包装正面文案，尤其是品牌和商品的名称与商品说明能起到广告的作用，主要用来吸引消费者的眼球，引导消费者把商品放入购物车中。而商品背面的文案，消费者基本不会去看。因此，背面的文案一定要紧扣商品的细节，以此向消费者保证购买本商品物超所值。此外，背面的文案还要能激发消费者产生再次购买的欲望。

包装文案的本质并非商品说明，也不是商品修饰，而是要达到品牌传播的目的，并促使消费者进行多次购买。在早年网络和全球化都不发达的情况下，包装文案的撰写相对容易，只要稍微写一写最终的效果就会有人相信。但时代在变，在互联网时代，消费者在购买商品前可以上网查询、比价、分析其他消费者对商品的评论。因此，在撰写商品包装文案时，要贴合品牌的特点，让消费者在收到商品的一刹那，看到外包装上的文案能心领神会，甚至发出会心的一笑。图7-17所示为某淘宝店的邮寄外包装，包装盒上写着“如果有人不暖心，至少还有我们暖脚”，简简单单的一句话，既贴合了该网店目标消费群体——文艺女青年的喜好，又表达了网店对消费者的关爱，容易让消费者对品牌产生好感。

图7-17　商品包装文案

需要指出的是，商品的包装文案要与品牌的策划传播主题相一致。例如，味全公司推出了一款慢发酵优酪乳，如图7-18所示。该优酪乳以9小时发酵作为特点进行宣传，其商品包装的正面除了商品的名称及Logo外，只有简单的“慢一点，9小时发酵”文案；而商品包装的背面除了常规的原料表、生产地址等，还配以下一段文案，标明品牌所提倡的生活态度。

慢生活

不急不缓，不浮不躁。

耐心，才能等出美好的。

如同味全优酪乳的美味，

都来自9小时的慢慢发酵。

喜欢慢发酵

喜欢慢一点

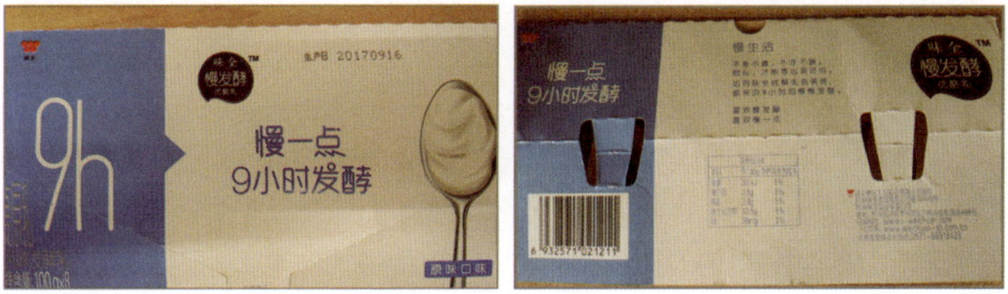

图7-18　产品外包装文案

7.2.3　评价及咨询的回复文案撰写

如果消费者对商品一点都不了解，那么他们买东西考虑的问题就会多一些，此时其他消费者对商品的评论就可以起到关键的作用。电子商务的一大特点就是具有互动性，与传统营销模式不同，消费者在进行购买交易后可以将自己的购物体验、使用感受等评价内容直接发布到网上，卖家也可以根据消费者的评论进行回复。通常来说，对商品评价进行回复的效果要好于不回复，甚至有些卖家通过评价回复引来了更多消费者的围观，实现了品牌的二次传播。

根据消费者发布的评价的不同，可以将卖家的回复文案分为商品好评的回复文案、商品差评的回复文案和商品咨询的回复文案三种类型。

1. 商品好评的回复文案

商品好评的回复文案是指当消费者给商品好评时卖家进行的回复。对于消费者给出的商品评论，卖家既可以用一本正经的态度对消费者表示感谢，也可以趣味性地与消费者进行互动，有趣的互动会让消费者感觉有趣，增加他们对品牌的好感度。

图7-19所示为vivo官方旗舰店针对某个消费者的好评做出的评论回复，当消费者对商品报以满意的评价时，vivo官方旗舰店的回复内容一方面是肯定并夸赞消费者的好评，另一方面又对消费者进行承诺，增加消费者对vivo品牌的信任。

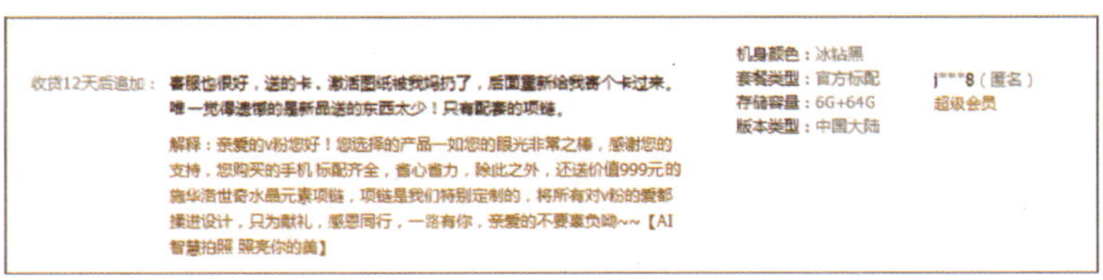

图7-19　商品好评的回复文案

在对消费者的好评进行感谢型回复时，要尽量选择积极、正面、肯定的词汇，在文案中要能突显出电商品牌的个性，并且应该保持谦逊的态度，如使用坚持、努力、执着等词。例如：

“快乐，是多一点点微笑，多一点点美好，多一点点赞美。谢谢您对西遇的微笑，对产品的肯定和赞美，相信这也不仅是一场交易，更是我们对美好的共同认定，期待与您下次的相聚。”

“千言万语尽在不言中。西遇会以百分百的质量，百分百的态度，让您感受百分百的购物体验。如果您对产品有任何疑问或使用过程中需要帮助，可以直接联系我们！因为这才是西遇存在的价值！”

“感谢每位在此流连过的您！感谢见证西遇努力的您！感谢支持西遇走到如今的您！西遇深知成功无捷径！西遇的信念是坚持加努力！西遇旗舰店期待您的再次光临！”

2. 商品差评的回复文案

对于消费者的中评、差评，或是虽然消费者给了好评但在评论表达出不满的情况，卖家在评价回复中要对消费者提出的问题进行解释，让消费者释怀，避免其对品牌质量产生不好的印象。

对于消费者给出的中评、差评，一方面卖家要主动联系消费者，对消费者提出的问题做出积极回应，并诚恳道歉；另一方面，卖家要对问题做出合理解释，积极地化解误会。当消费者的评论需要解释引导时，卖家回复的态度要认真，要体现出自己对问题的重视，增加消费者对店铺的信任度。

一个好的解释可能比一个好评更有价值。例如，针对消费者在商品评论中提到的衣服掉色问题，卖家可以这样解释：“亲，我们的衣服是全棉质地的，穿着舒服，因为您选择了颜色较深的黑色，所以可能会有轻微掉色的现象。建议您采用淡盐水浸泡并手洗（不宜机洗），清洗干净后，放在阴凉通风处晾晒即可。”通过解释引导中差评，可增强消费者对品牌的信任。

3. 商品咨询的回复文案

商品文案里遗漏的信息或需要增加、修改的资料，都可以通过商品的评论回复进行补充。尤其当消费者对商品进行咨询时，商家可以在评论回复中补充商品的用法、介绍新品等，引导消费者进行二次购买。例如，雅漾推出了“皮肤专家在线咨询回复”的粉丝福利，如图7-20所示，这样有利于树立品牌在消费者心中“皮肤护理专家”的专业品牌形象。

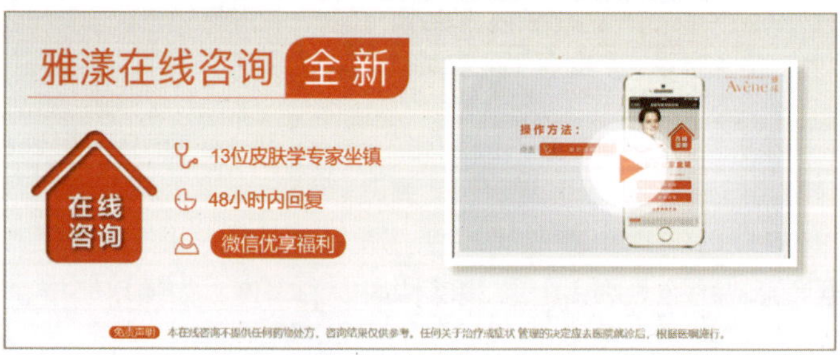

图7-20 商品咨询的回复文案

图7-21所示为某商家针对消费者的咨询做出的回复，当消费者对商品配料产生质疑时，商家针对这个问题进行了合理的解释说明，明确指出“商品原料含量不超国家标准”，消除了其他消费者看到此条评价后可能会产生的忧虑，进而增强了消费者对品牌的信任。

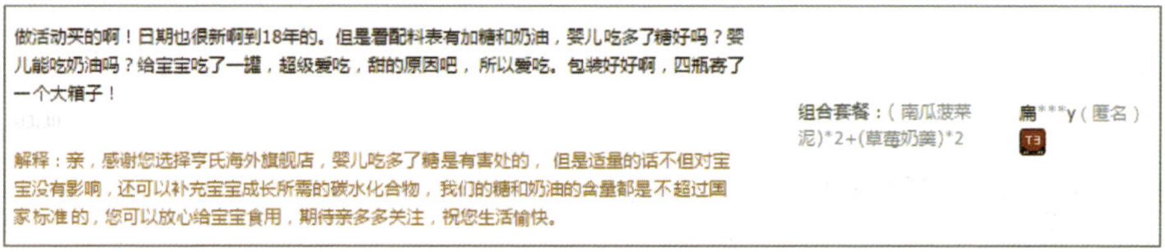
做活动买的啊！日期也很新啊到18年的。但是看配料表有加糖和奶油，婴儿吃多了糖好吗？婴儿能吃奶油吗？给宝宝吃了一罐，超级爱吃，甜的原因吧，所以爱吃。包装好好啊，四瓶寄了一个大箱子！

解释：亲，感谢您选择亨氏海外旗舰店，婴儿吃多了糖是有害处的，但是适量的话不但对宝宝没有影响，还可以补充宝宝成长所需的碳水化合物，我们的糖和奶油的含量都是不超过国家标准的，您可以放心给宝宝食用，期待亲多多关注，祝您生活愉快。

组合套餐：(南瓜菠菜泥)*2+(草莓奶羹)*2

扁***y(匿名)

图7-21 商品咨询的回复文案

课后练习题

1. 在电商网站搜索一款商品（如空调），分析展示信息量大与只展示商品最大卖点的主图哪个销量更好，并说明原因。

2. 请尝试为某款女包设计包装并撰写文案，该款女包的特点如下。

款式：斜挎

包背包方式：斜挎、单肩、手提

质地：PU

材质工艺：软面

提拎部件类型：软把

闭合方式：拉链

内部结构：卡位、拉链暗袋、手机袋、夹层拉链袋

箱包外袋种类：敞口袋

流行元素：车缝线

颜色分类：绿色（小号）、黑色（小号）、红色（小号）、灰白色（小号、大号）

形状：水桶形

肩带样式：单根

有无夹层：有

箱包硬度：软

风格：时尚潮流

3. 如果你作为卖家收到了来自消费者的针对衣服掉色的差评，你该怎样对其进行回复？

第8章 店铺首页的视觉文案设计

学习目标

❶ 掌握衡量首页设计水平的四大指标。
❷ 掌握店招视觉文案设计的方法。
❸ 掌握首焦轮播区视觉文案设计的方法。
❹ 掌握商品陈列区视觉文案设计的方法。

首页可以说是一个网店的脸面，如果店铺的首页不美观，就不能有效吸引消费者的注意力，那么不管店铺的商品有多少，也很难吸引消费者购买。当然，首页不能只有图片，还需要配上合适的文案，才能让它更具可读性。本章主要从首页的各个模块，如店招、首焦轮播区、商品陈列区等来介绍如何进行店铺首页的视觉文案设计。

8.1 首页设计水平的四大指标

判断一个店铺首页设计是否合格，要从以下四大指标来评判：首页跳失率、首页点击率、首页人均点击次数和首页平均停留时间。

8.1.1 首页跳失率

首页跳失率是指消费者通过某种渠道进入店铺，只访问了首页一个页面就离开的访问次数占该入口总访问次数的比例。电商运营者需要随时观测店铺的各项数据，并根据数据变化情况对页面进行优化与调整。

根据店铺规模和所售商品的类型，可以参照这样的判断标准：如果是心级店铺，那么跳失率在70%及以下都属于正常，不需要进行优化；冠级店铺如果跳失率在60%以上，就需要考虑是否是海报设计成文案信息出现了问题，需要根据具体的数据做出相应的优化与调整。

以淘宝店铺为例，消费者进入店铺的店铺首页渠道有很多，大致可以分为以下四种渠道，如图8-1所示。

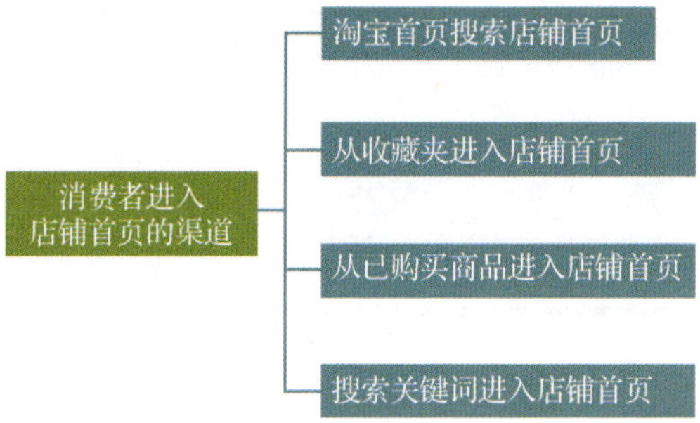

图8-1　进入店铺首页的渠道

消费者从淘宝首页直接搜索进入店铺首页，从收藏夹进入店铺首页，以及从已购买商品进入店铺首页，通过这三种渠道进入的消费者一般都属于老客户，不易跳失，而通过搜索关键词进入店铺首页的消费者为选择性进入，容易跳失。

8.1.2　首页点击率

首页点击率是商品在首页展现后的被点击的比例，即首页点击率 = 首页点击量 ÷ 首页展现量。通过首页点击率可以看出店铺推广的商品是否吸引人，首页点击率越高，说明商品对消费者的吸引力越强；首页点击率越低，说明商品对消费者的吸引力越差，这时就需要对店铺进行优化，如优化商品图片和推广标题，或者优化商品详情页中的信息，让商品的展现尽可能多地带来点击量。

8.1.3　首页人均点击次数

首页人均点击次数，是指在一段时间内，人均点击了多少次店铺首页。假设某日点击该网店的访问者数为150人，在此期间点击本店铺首页的总访问数为600次，那么首页人均点击次数为：600次 ÷ 150人=4次/人。

首页人均点击次数可以用来测试访客黏度，如果首页的客户体验做得很差，让访客进入首页后不知所措，找不到自己想要的商品，访客自然就会马上离开。因此，运营者要根据首页人均点击次数来优化店铺整体的导航，美化商品图片，这对访客的引导非常重要。

8.1.4　首页平均停留时间

首页平均停留时间（单位：秒）= 访问店铺首页的所有访客总的停留时长 ÷ 访客数，多天的平均停留时间为各天平均停留时间的日均值。和首页人均点击次数一样，首页平均停留时间也可以用来判断一个店铺首页是否能留住访客。

由于行业性质的不同，导致每个行业访客在店铺中停留的时间差异很大。在进行分析时，可以以一段时间内访客在店铺首页的平均停留时间为基数，并记录下这段时间的销售量。以后再拿新数据做对比，就知道平均停留时间变化，销量是提高了还是下降了。一般情况下，访客平均停留时间越长，说明店铺的留客工作做得越到位。

如果访客在首页平均停留时间很短，就要考虑商品的图片设计、优化等方面是否把商品特点都展现出来了，以及首页设计是否能够吸引访客，然后根据后台的数据统计做出相应的调整。

8.2 首页各模块的视觉文案设计

将首页的各个模块弄清楚，才能设计出合适的文案，使得首页在导流和分流上发挥充分的作用。一般首页由店招、首焦轮播区、商品陈列区等部分组成。

8.2.1 店招的视觉文案设计

同实体店一样，网店也有自己的店招，它位于店铺首页的最顶端，用于展示店铺的名称、最新活动与销售内容等一系列信息。店招是店铺的灵魂所在，是消费者进入店铺后看到的第一个模块，也是打造店铺品牌，让消费者瞬间记住店铺的最好阵地，因此设计者一定要好好把握店招的视觉文案设计。

1. 店招视觉设计规范

不同的电商平台对店招的图片尺寸有着不同的要求，下面以淘宝网为例来介绍店招的视觉设计规范。图8-2所示为店招高度的设计规范。

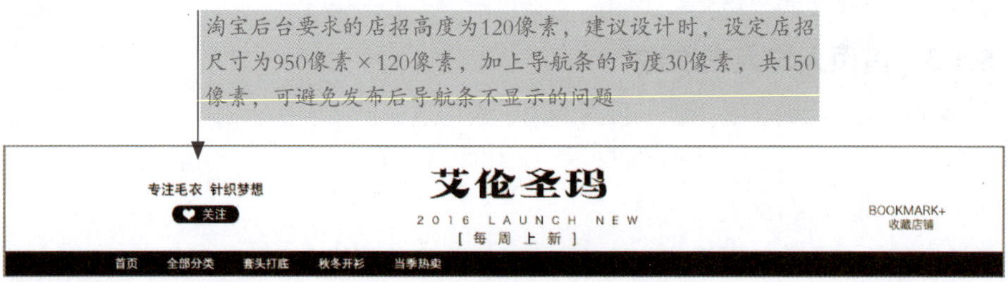

图8-2 店招高度的设计规范

店招的首要功能就是要清晰地展示店铺名称。在店招上可以添加品牌宣传语、近期的打折促销信息、收藏按钮或移动端二维码等元素，力求利用有限的空间传递出更多的信息，以刺激消费者的购买欲望。但要注意这些元素最好不要超过3个，因为足够的留白空间有利于打造视觉重点，让设计元素发挥出最大的效能，如图8-3所示。

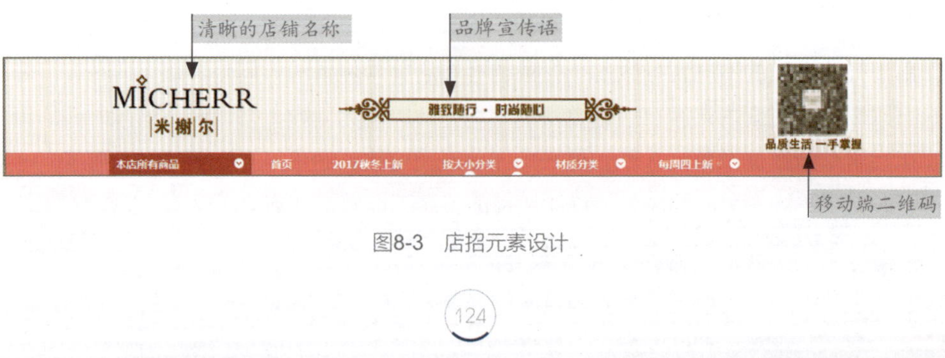

图8-3 店招元素设计

为了树立店铺的品牌形象，提升店铺的档次，在设计店招时要注意和导航条的风格进行统一，利用色彩、修饰元素与风格的相似性来营造视觉上的一致性，打造出独特的店铺装修风格，让消费者在浏览店铺的短暂时间内就能对店铺留下印象，如图8-4所示。

图8-4　店招和导航条风格统一

2. 店铺名称的艺术化处理

为了让店招中的店铺名称给消费者留下深刻的印象，就要对店铺名称进行各种艺术化处理，下面将介绍几种对店招中的店铺名称进行艺术化处理的常用方法。

（1）用不同字体和字号的组合营造艺术感

虽然有的店铺会在店招中添加设计好的店铺徽标来代替店铺名称，但文字仍是店铺名称最主要的表现形式。因此，可以采用一种最简单、有效的方式来美化店铺名称，那就是通过不同字体和字号的组合使用，赋予店铺名称一定的艺术感，如图8-5所示。

图8-5　不同字体字号的组合

（2）添加特效，突出特殊性和醒目度

为了让店招更加美观，设计时可以为店招添加合适的背景，但这样一来店招中店铺名称的表现程度往往会被削弱。因此，可以通过添加特效的方式来突出店铺名称的特殊性和醒目度，这些特效包括渐变色、阴影、浮雕与发光等，如图8-6所示。

图8-6　为店铺名称添加特效

（3）使用修饰元素提升观赏性

只是单一的文字组合、简单的修饰，有时并不能真正表现出店铺的风格和设计的精致感。而通过合理的修饰元素与店铺名称进行融合设计，让店铺名称的设计更加个性化，不失为一种好方法，如图8-7所示。

图 8-7　为店铺名称添加修饰元素

这是三种方法中最为有效，也最为复杂的一种方法，这种方法需要设计师具有良好的设计思路、敏锐的观察力和一定的设计经验。

3. 图层样式的应用

图层样式是图像处理与网页制作中的常用功能之一，在电商视觉设计中也发挥着重要的作用。在导航条的制作中就需要应用图层样式。因为淘宝装修后台默认的样式只允许用户更改导航条的背景颜色。随着店铺装修的个性化、精致化成为一种潮流，导航条的设计也越来越受到电商视觉设计者的关注。

一个质感强烈、层次清晰的导航条，不仅可以提升整个店铺首页的档次，而且能让消费者更乐意去点击。而图层样式的作用就是对设计元素进行修饰和美化，实现色彩、质感与光泽上的变化。下面通过图8-8所示的设计案例分析图层样式在导航条制作中的应用。

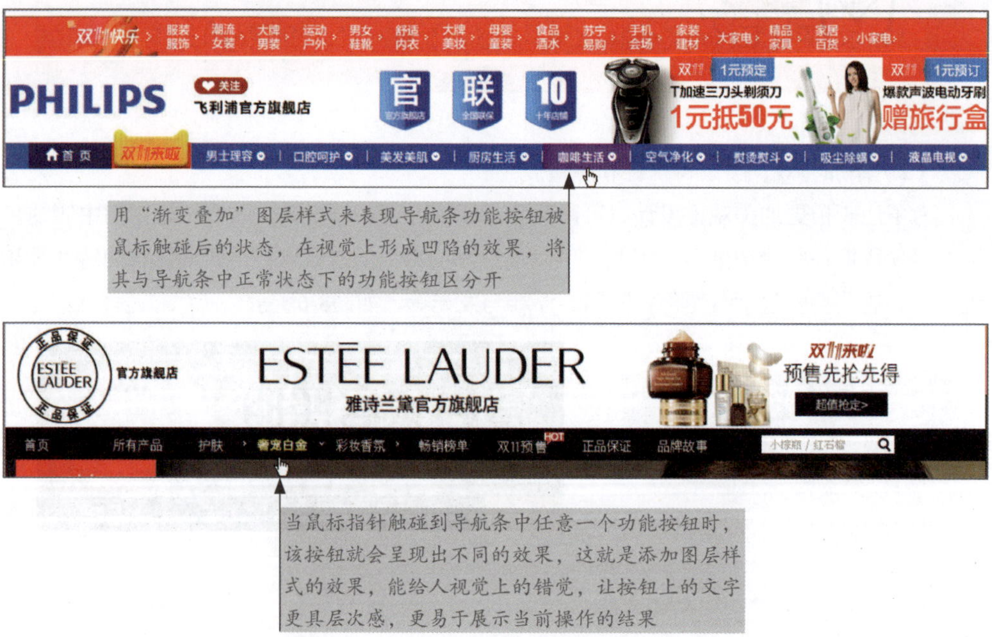

图8-8　图层样式的应用

上述案例中的导航条外观与大部分导航条类似，不同的是这两个导航条更有立体感，风格上偏向拟物化设计（形态与真实世界中的按钮类似），而这些特殊效果都是利用图层样式来实现的，可见图层样式在导航条设计中的重要性。

通过添加图层样式，不仅可以将原本单一的色彩变得绚丽，为设计元素添加内阴影、外发光等特殊的光泽效果，还可以营造立体浮雕、图案纹理等特殊效果。需要注意的是，导航条的设计风格应当和店招乃至整个店铺首页的装修风格一致，不能一味地追求华丽而让导航条显得突兀、不协调。

8.2.2 首焦轮播区的视觉文案设计

在店招与导航条的下方就是店铺首页的首焦轮播区，这个模块占据的面积较大，可以放入大量信息，也是整个网店首页中最醒目的部分。下面将介绍首焦轮播区的视觉文案设计方法。

1. 设计聚焦消费者视线

在店铺首页的商品图片展示板块中，在其开端位置放置单张海报图片可以在一定程度上聚焦消费者的视线，让其有继续浏览页面的兴趣。打开网页后第一时间出现在消费者视线中的区域即店铺首页的第一屏，在该区域会形成首焦位置，如图8-9所示。

图8-9 店铺的首焦位置

首焦位置是消费者进入店铺后第一时间看到的内容，如果这部分内容能够抓住消费者的眼球，会大大提高其继续浏览店铺页面的可能性。相较于在首焦位置使用大量文字说明的布局安排而言，图片结合文案的设计形式更符合消费者追求轻松阅读与轻松购物的心理。同时，放置消费者最渴望看到的信息也是这个模块设计的重点。

图8-10所示的店铺在首页的首焦位置安排了以文字叙述为主要表现形式的店铺介绍，但消费者或许并不会阅读这些信息，因为过多的文字会让他们失去浏览的耐心，而且消费者在进入店铺后迫切想要了解到的是商品的信息，而非店铺的介绍，因此，这样的表现形式与内容安排并不足以在第一时间聚焦消费者的目光。相反，图8-11所示的首焦位置的内容安排与表现能让消费者有进一步浏览店铺的欲望。

图8-10　首焦位置

图8-11　首焦位置内容安排

2. 构成首焦轮播图的三要素

店铺首页中的首焦轮播区基本上都是由三个要素组成的，即唯美、绚丽的背景，完整、精致的商品形象，以及精心编排的广告文案，如图8-12所示。

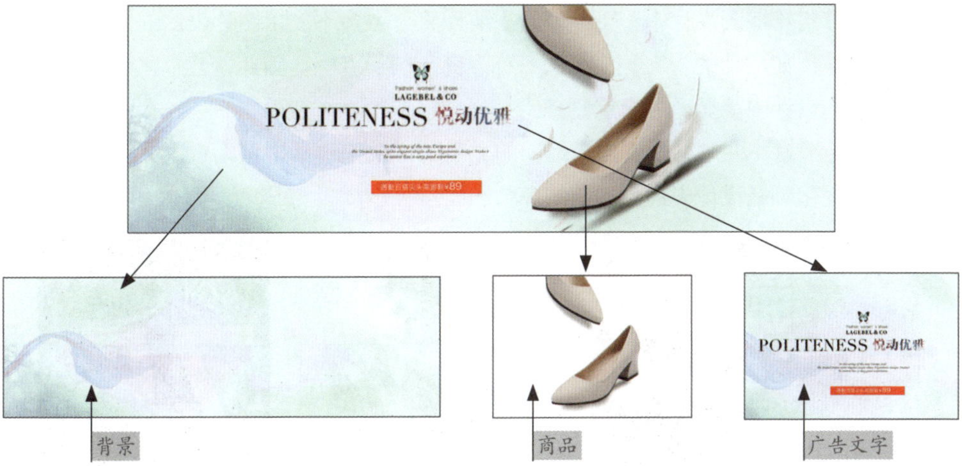

图8-12　首焦轮播区设计三要素

首焦轮播图的背景一定要与商品的形象保持一致的风格，或者能够烘托出某种特定的气氛。图8-13所示分别为以节日为主题和以店铺活动为主题的背景，可以清楚地看出两者的差别。

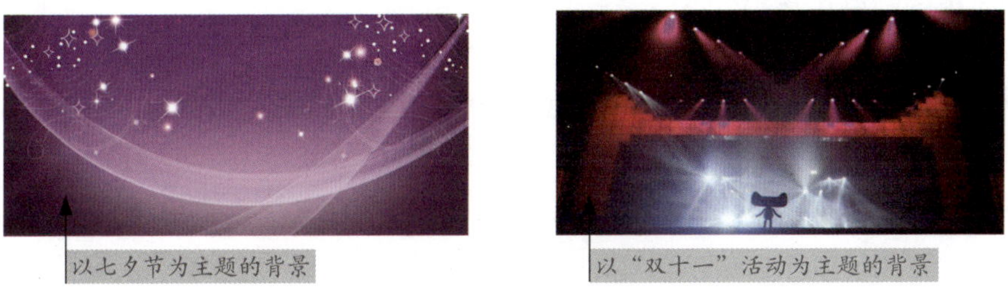

图8-13　不同主题的背景图

首焦轮播图中的商品形象是商品和消费者的“初次见面”，它直接关系到转化率的高低。色彩得当、画质清晰的商品图能够树立良好的商品形象。因此，首焦轮播图中的商品形象图一定要经过色调和光影处理，能够真实再现商品的色彩和品质，或者根据背景和文字的风格做适当修饰。

图8-14所示为处理前和处理后的欢迎模块中的商品形象图，可以看出处理后的商品形象更能打动人心。

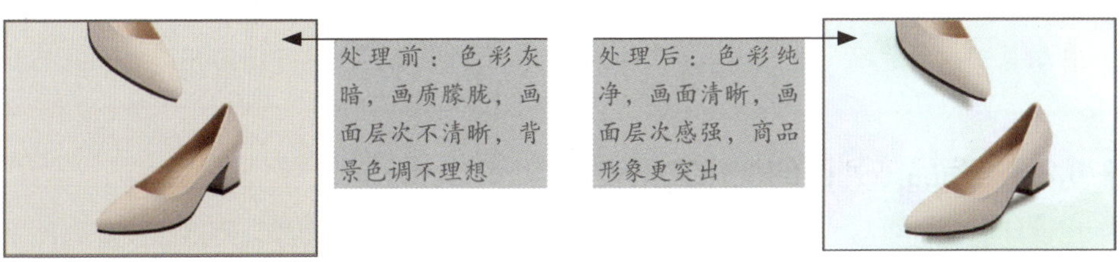

图8-14　处理前后的商品形象对比

文字是首焦轮播图设计中不可或缺的重要元素，很多不能用图片表达的信息都需要通过文字来传达，如活动的内容、商品的名称、商品的价格等。因此，艺术化的文字编排在首焦轮播图的设计中就显得尤为重要。

图8-15所示为几种风格的首焦轮播图的文字编排效果，从中可以看出文字的字体与字号、色彩的变化等是设计中最为关键的环节。

图8-15　文字元素的设计

3. 溶图的应用规范

背景是决定整个首焦轮播图设计成败的关键，很多情况下我们设计的首焦轮播图并不是某个风格明显的节日，因此在选择首焦轮播图背景素材时就需要进行更多的思考，在此介绍一个捷径，那就是使用溶图。

溶图是用两张或两张以上的图片拼合起来的一种图片，讲究构图严谨，细节处理得当。制作精良的溶图配上文字可以是一幅优美的艺术作品，图8-16所示为三张溶图。

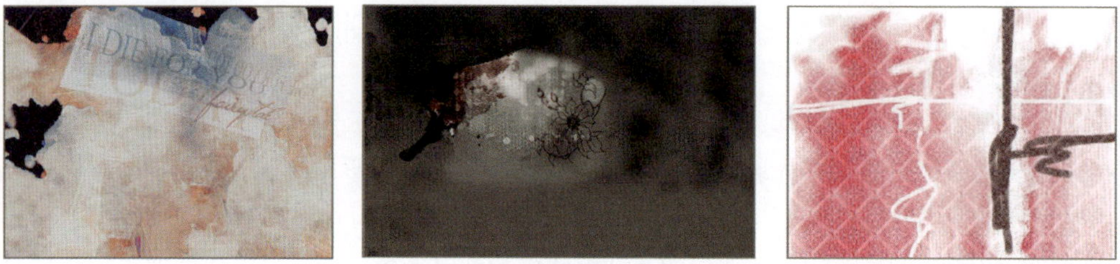

图8-16　溶图

在选择溶图时要注意，要么溶图的色调与商品相似，要么溶图与商品能够和谐搭配，只有满足其中一个要求，才能保证首焦轮播图具备较理想的视觉冲击力和浑然天成的视觉效果。

8.2.3　商品陈列区的视觉文案设计

在设计店铺首页时，除了店招和首焦轮播区外，大部分店铺都会使用商品陈列区来展示商品，让消费者大致了解店铺中商品的形象、风格和价格。商品陈列区也是一个比较重要且尺寸较大的区域，下面将对商品陈列区的视觉文案设计进行介绍。

1. 营造视觉动线

许多卖家习惯将商品展示图片整齐划一地排列在店铺首页之中，如图8-17所示。之所以选择这种方式，可能是因为这些卖家认为与将商品乱七八糟地摆放相比，消费者更愿意看到整齐排列的商品货架。

图8-17 整齐排列的商品陈列图

虽然说整齐划一确实是一种最为保守、保险与传统的布局方式，设计时也简单、方便，但也需要注意一些设计事项。

通常情况下，人们已经习惯了从左向右、从上到下的阅读模式，这样的习惯也延续到了网页上。但与阅读书籍不同的是，互联网用户习惯于以快速扫描、捕捉关键点的方式进行浏览。这一浏览习惯也影响了人们对首页商品陈列图布局的观感，如果在店铺首页放置过多的图片，其效果如同密密麻麻的文字一般，会让消费者失去浏览的耐心。而这也直接导致了消费者F形浏览模式的形成，如图8-18所示。

F形浏览模式是由美国长期研究网站可用性的著名网站设计师柯柏·尼尔森在其发表的《眼球轨迹的研究》报告中提出的，他认为大多数情况下浏览者受浏览经验与习惯的影响，都会不由自主地以F形的浏览模式阅读网页，从图8-20中我们也可以发现这一点。

因此，在进行商品陈列区图片的排列设计时，要首先使用整洁的排列让消费者获得轻松感，在此基础上还要注意图片不宜过多，横排图片最好不要超过五张，因为过多的图片容易让消费者感到浏览压力并产生疲倦感。

除此之外，通过灵活多变的排列方式形成视觉动线，也能减少过于死板的排列组合带来的乏味感，如图8-19所示。

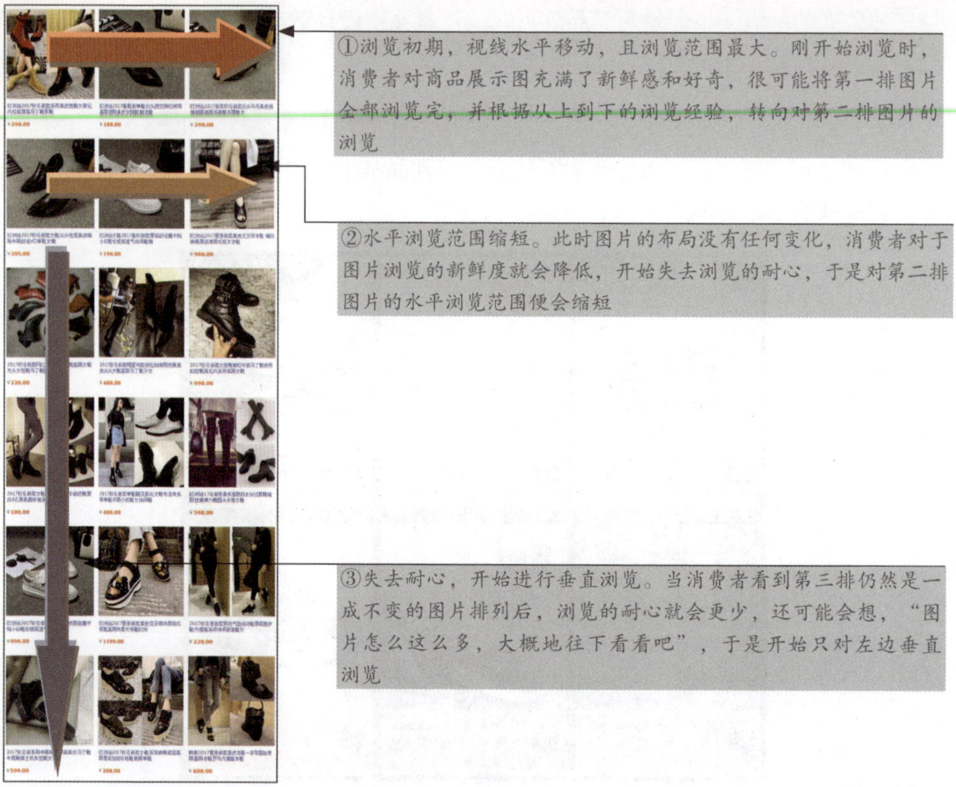

图8-18　F形浏览模式

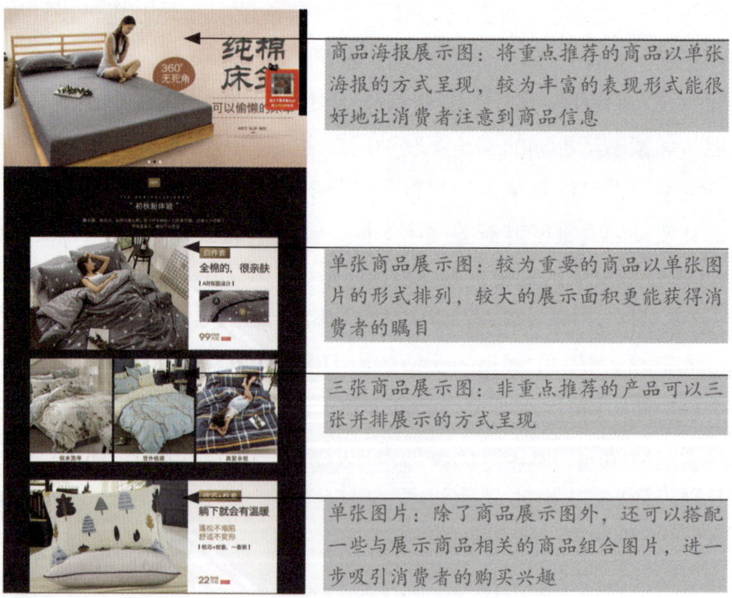

图8-19　商品陈列区图片的排列设计

图8-21中商品陈列区的布局打破了横排图片以固定的数量单一摆放的形式，灵活的排列组合形成了视觉动线，不仅能够缓解消费者在浏览时的枯燥感，让消费者可以更多地注意到所展示的商品图片，而且让商品的展示有了主次的层级关系——主要的商品被放在顶端大面积展示，次要的商品则靠后展示且展示面积较小，在末端又通过单张图片缓和了消费者眼球左右移动的频率，让消费者的视线集中于单张图片上。

这种商品展示图片的布局结构既巩固了消费者对于前面所看到的商品展示内容的记忆，也提供了更多的购物方式。既能让消费者获得较为轻松与清晰的浏览体验，又能持续聚焦消费者的注意力。

在互联网时代，消费者也形成了互联网行为模式，他们青睐快速、轻便的阅读体验，因此在进行电商视觉设计时，也要尽可能地为消费者营造这样的阅读环境。同时也要明白，并不是商品信息摆放越多，商品出售的可能性就越高，如果这些商品信息不能被消费者关注，放置再多的内容也是徒劳。尽可能地让所展示的商品信息让消费者看到，并聚焦他们的注意力，提高所展示商品的转化率，才是视觉文案设计要达到的真正目的。

2. 商品布局艺术化

商品图片的布局是影响商品陈列区整个版式的关键，也是确立整个首页风格的关键。为了吸引消费者的眼球，可以根据商品的功能、外形特点、设计风格来对商品陈列区布局进行精心的规划与设计，将店铺中的商品艺术化地展现出来。

常见的商品陈列区布局方式有三种，上文提到的布局方式属于方块式布局，还有两种分别为折线型布局与随意型布局，下面将分别对其进行介绍。

（1）折线型布局

折线型布局就是将商品图片按照错位的方式进行排列。简化后的折线型布局如图8-20所示，可以看出消费者的视线会沿着商品图片做折线运动。这样的设计可以给人一种清爽、利落的感觉，具有韵律感。

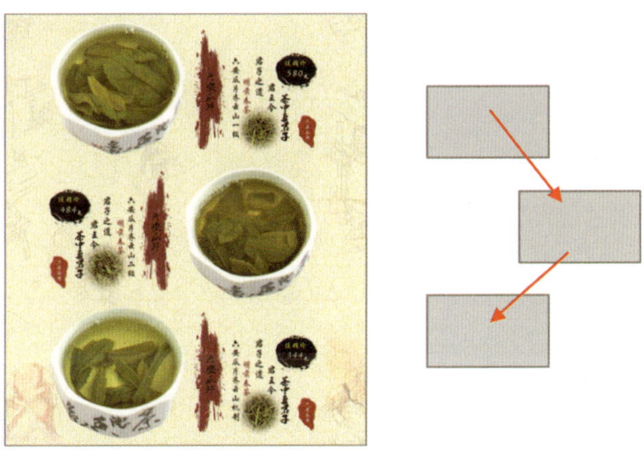

图8-20　折线型布局

（2）随意型布局

随意型布局就是将商品图片随意地放置在页面中，如图8-21所示。但是这种随意往往需要营造出一种特定的氛围和感觉，让这些商品之间产生一种联系，否则画面中的商品会由于缺乏联系而显得杂乱。随意型布局在女装搭配、组合销售中使用较多，是一种灵活性较强的布局方式。

图8-21　随意型布局

课后练习题

1. 请简述首页设计水平的四大指标分别是什么。
2. 请列举几个你喜欢的店铺首页，并分析它们的视觉文案设计好在哪里。
3. 请为折线型布局、随意型布局各举出一个实例。

第9章

商品详情页的视觉文案设计

学习目标

❶ 掌握商品细节展示区视觉文案设计的技巧。
❷ 掌握商品功效简介区视觉文案设计的技巧。
❸ 掌握不同类型的详情页文案撰写的方法。

商品详情页是提高店铺转化率的重要渠道，一个好的详情页就如同专卖店一个优秀的推销员一样，能出色地完成推销商品的任务。面对各式各样的消费者，推销员使用语言打动消费者，而详情页则借助视觉效果传达商品的特性，激发消费者的购物欲望。由此可见，详情页对提高商品转化率起着至关重要的作用。本章主要介绍详情页各模块的视觉文案设计以及不同类型的详情页文案撰写，以便读者在策划店铺详情页时能做到游刃有余。

9.1 详情页各模块的视觉文案设计

网店的商品详情页是一个展示商品功能、商品参数、商品特点以及商品卖点的页面。一个优秀的商品详情页不仅能让消费者充分了解店铺的商品，更能打消消费者对商品的疑虑，激起他们的购物欲望，促使他们尽快下单成交。因此，商家需要充分利用好商品详情页，做好详情页的设计与优化。

9.1.1 商品细节展示区的视觉文案设计

在商品详情页中，为了让消费者能够完整而清晰地了解商品的细节和特点，需要设计相应的模块来对商品进行全方位的展示，即商品细节展示区。下面将详细介绍商品细节展示区的表现形式及其通用的设计方式。

1. 商品细节展示区的表现形式

与其他区域的设计要求类似，商品细节展示区的尺寸仍要遵循电商平台的设计规范来进行规划。考虑到不同商品在材质、功能和外观等方面的差异，在设计商品细节展示区时可以采用不同的表现形式。常见的表现形式有两种，一种是指示型，另一种是局部图解型。

（1）指示型表现形式

指示型表现形式就是先将商品完整地展示出来，再把商品需要突出展示的局部细节图片以类似放大镜的形式排布在完整商品图的四周，并利用线条、箭头等设计元素将细节图片与完整的商品图连接起来，有时还会用简单的说明性语言来对细节进行解说，如图9-1所示。

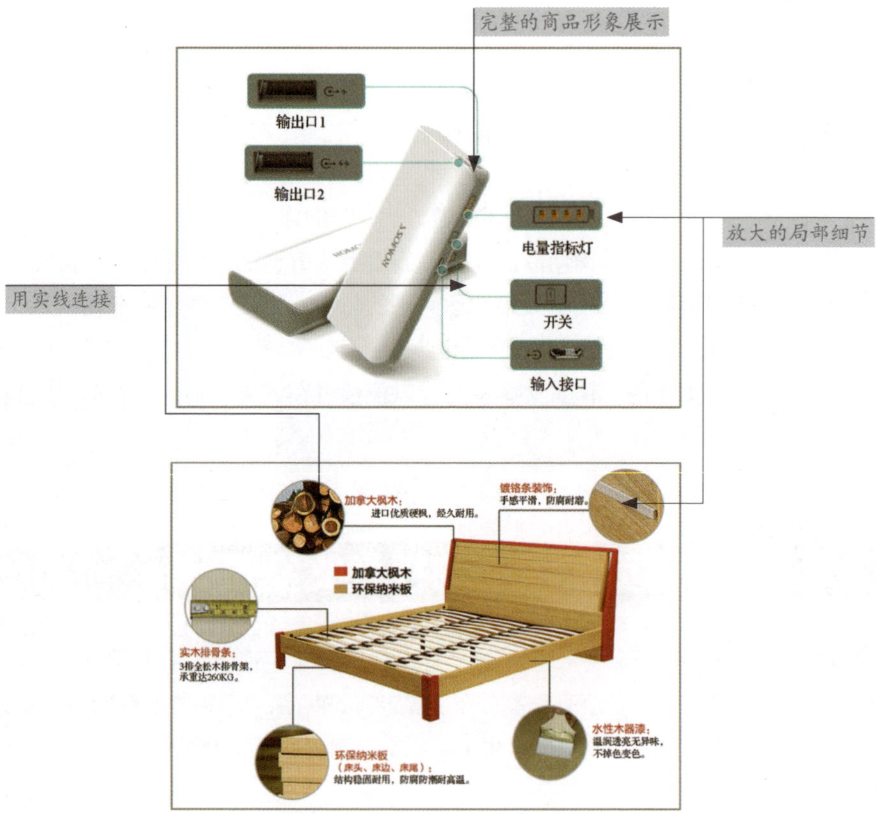

图9-1 指示型表现形式

用指示型表现形式对商品细节进行展示，既可宏观呈现商品的完整外观，又可深入展现重要部分的细节，非常适用于体积较小、部件较多的商品或家具等外形特大的商品的细节展示。这种表现方式能够清楚地告诉消费者所展示的细节位于商品的哪个位置，具有什么特点等。

（2）局部图解型表现形式

局部图解型表现形式的设计更简单，只需将商品的局部细节放大即可，不需对细节位置进行指示。但是，局部图解型表现形式可以增加更多说明性文字内容，比较适用于外观简单、部件少的商品及日常用品的细节展示。

图9-2所示为某款女包的细节展示图，可以看出设计者将斜挎包的局部放大，并通过文字对该部分细节进行说明。尽管没有使用任何修饰元素来指明各部分细节位于商品的哪个位置，我们还是可以很容易地自己判断出来。

图9-2　局部图解型表现形式

需要注意的是，在使用局部图解型表现形式制作商品细节展示区时，一定要在商品详情页的开始对商品进行整体外观的展示，这样才能便于消费者在浏览过程中理解细节图所传递的信息。

2. 商品细节展示区通用设计方式

在设计商品细节展示区时，如果画面中只有图片，而没有必要的文字说明和细节修饰，会让商品的表现显得很单一，并且不能完整、准确地展示商品的整体形象和特点。商品细节展示区通用的一种设计方式就是添加必要的文字和素材。

（1）利用文字对细节进行说明

想要让消费者全方位了解商品的特点，就要依靠文字来进行说明。在商品细节展示区的设计中，文字的添加也是有技巧的，一般可以使用标题文字和段落说明文字组合的方式来进行说明，如图9-3所示。

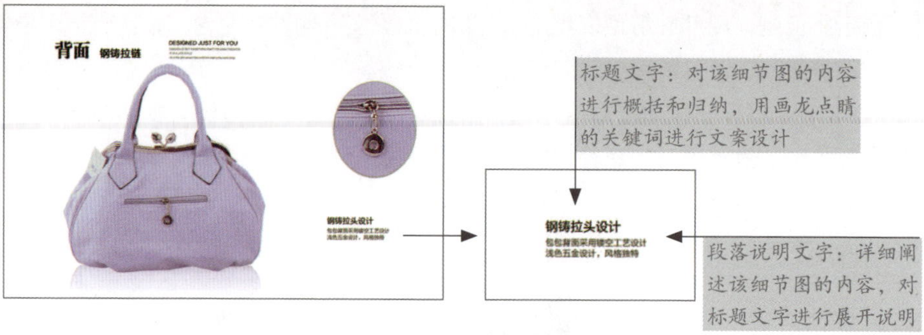

图9-3　通过文字对细节进行说明

通过在细节图的周围添加文字来进行文字说明是比较通用的设计方式，但有时为了满足版式设计的需要或出于其他原因，在进行细节展示之前，也可以先用较为系统的表格、段落文字等逐一介绍商品的属性，而在细节展示区则重点展示商品的局部细节，是否还要添加文字则根据实际设计需求而定。

图9-4所示为某款女鞋的细节展示图，先详细说明了女鞋的品牌、材质、颜色、鞋跟高度、鞋帮高度等属性，在细节区则仅使用了图片和简单的文字对女鞋四个较为重要的区域进行放大展示，让消费者能集中而专注地感受商品的形象，避免多余信息的干扰。

图9-4　系统介绍商品信息

（2）素材让细节展示更直观

在设计商品细节展示区时，素材的添加和绘制是必不可少的，它能让商品图之间产生一定的联系，还能对画面的布局、文字的排列进行规范。图9-5所示为在商品细节展示中应用非常广泛的箭头形状素材和聊天气泡素材。

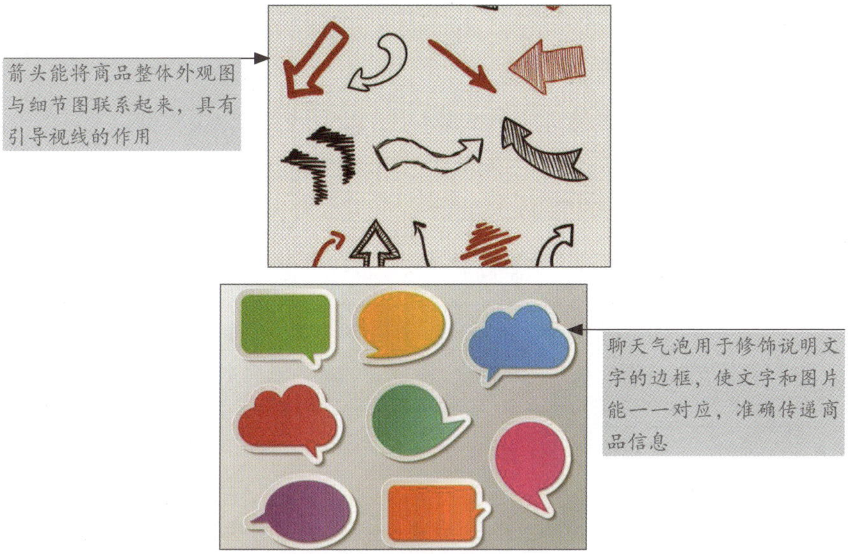

图9-5　两种素材

图9-6所示的两幅商品细节图中，图9-6（a）使用了矩形作为说明文字的边框，使文字工整地显示在固定的区域内，图9-6（b）利用圆形的素材让细节图与商品整体外观图之间产生一定的联系，让消费者在浏览时能够快速明白细节图的出处和含义。

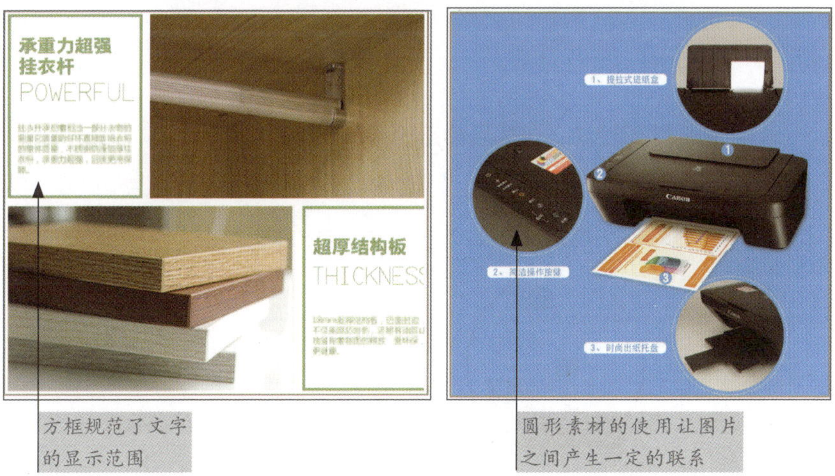

（a）　　　　（b）

图9-6　矩形与圆形素材的使用

9.1.2 商品功效简介区的视觉文案设计

商品功效简介区用于对商品的功能或作用进行详尽、透彻的分析和解说。功效简介区的位置在整个商品详情页中算是比较靠后的，消费者能坚持浏览到这里说明其已经对商品产生了很大的兴趣。若将功效简介区设计得有特色，可以进一步提升消费者对商品的好感，从而促成其下单。

1. 商品功效简介区的设计规范

商品功效简介区是商品详情页的一部分，其设计宽度受到商品详情页宽度的限制，高度上则不受限制。

淘宝网、天猫商城和京东的商品详情页设计尺寸规范详如表9-1所示。

表 9-1 淘宝网、天猫商城和京东商品详情页设计尺寸规范

电商平台	商品详情页设计尺寸规范
淘宝网	详情页左侧边栏宽 190 像素，中间空 10 像素，右侧宽 750 像素，加起来总宽度为 950 像素。如果关闭左侧边栏，就可以显示 950 像素宽，不然只显示 750 像素宽
天猫商城	详情页布局与淘宝类似，不同之处在于天猫商城新版页面的宽度由 750 像素变为 790 像素
京东	京东对详情页布局有统一要求，整体宽度不超过 740 像素

商品功效简介区主要是介绍商品的功能与作用等信息，如果使用平铺直叙的语言，那么大量的文字势必会让消费者失去阅读的兴趣，从而导致转化率的下降。因此，商品功效简介区的设计重点就是对商品的功效进行总结与归纳，通过文字、色彩和修饰元素的完美搭配来提升文字的可读性。

图9-7所示为某款护肤品的商品功效简介区，通过文字进行总结性归纳，将文字与修饰元素结合到一起，并进行了合理布局和版式规划，增强了文字的可读性。

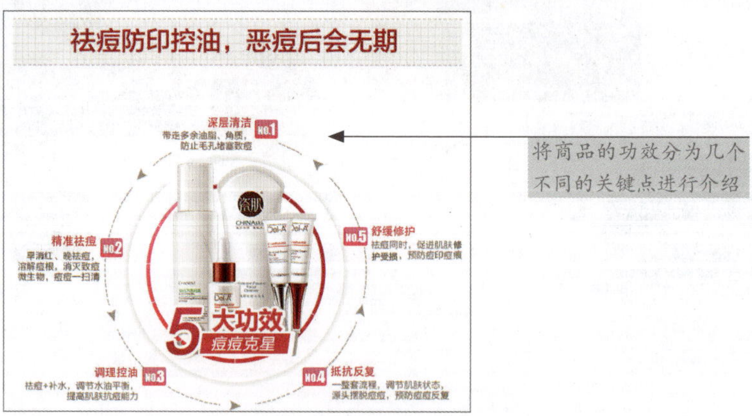

图9-7 商品功效简介区设计

2. 修饰元素在设计中的重要性

在设计商品功效简介区时，为了将商品功效表述得更加直观、形象，可以使用多种修饰元素来丰富画面的内容。例如，用图片来代替某些文字，或者使用素材来突出某些文字。修饰元素的巧妙应用能够提升商品信息的可读性，让枯燥的文字变得更具象化，在给消费者带来美好的视觉享受的同时，有助于消费者深入了解商品的功效。

下面分析两款商品的功效简介区设计（见图9-8）。

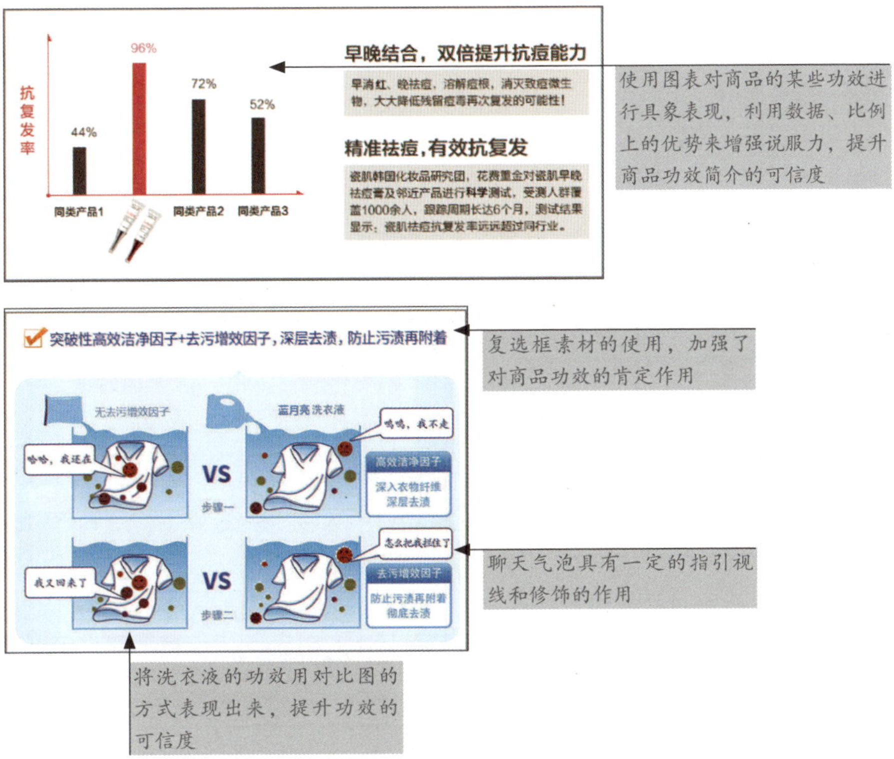

图9-8 修饰元素在商品功效简介区中的运用

9.2 不同类型的详情页文案撰写

商品详情页文案是商品最详尽的介绍内容，一般可以划分为普通型商品详情页文案、解决痛点型商品详情页文案和故事型商品详情页文案几种类型。

9.2.1 商品详情页文案

商品详情页文案往往涵盖大量信息，非常考验文案创作者的能力。商品详情页文案是电子商务文案中的重要组成部分，它主要用于商品信息的表述，以达到激发消费者购买欲望的目的。

商品详情页展示的是商品的详细情况，主要是通过文字、图片等元素全面地展示商品的功能、特性，以及销售、物流、售后等方面的信息，从而增加消费者对商品的兴趣，激发其潜在的需求，引导消费者下单。

商品详情页的作用包括以下四个方面。

①增加消费者对商品的了解。

②方便消费者了解商品的功效。

③取得消费者的信任和好感。

④引导消费者下单购买。

商品详情页的内容非常丰富，但细致分类之后，商品详情页文案的内容框架详见表9-2。

表 9-2　商品详情页文案的内容框架

商品详情页的内容框架	作用
创意海报情景大图	符合文案主题，吸引消费者注意
商品卖点 / 功能 / 利益点	精简介绍商品，突出商品能带给消费者的好处
商品规格参数	款式、尺寸、材质、选择项目、配件等信息
与同类商品对比	商品有别于竞争对手的核心卖点
商品模特 / 全方位展示	场景化图片富有代入感，能拉近与消费者之间的距离
商品细节展示	突出工艺、质感、品相等
商品资质证书 / 检验结果报告	打消安全顾虑，提升消费者购买商品的信心
品牌 / 基地实力展示 / 公司介绍	简单说明制造商及品牌的发展历史
商品包装展示 / 售后保障 / 物流	包装、交货、物流、维修等服务保证信息介绍

商品详情页要求写出具有销售力的文案，第一步就是要告诉消费者其能得到什么益处，而非描述商品特色，先传达核心卖点，成功吸引关注后，再慢慢传达其他信息，并且要站在消费者的角度说明商品的特色与功效。

9.2.2　普通型商品详情页文案

普通型商品详情文案通常从商品核心卖点出发，站在消费者的角度，将商品卖点转化为利益点，循序渐进，不断加强消费者购买商品的信心。具体来说，可以分为以下五个步骤。

（1）吸引注意

利用标题和开头吸引消费者，在一开始就指出商品最吸引人的卖点。

（2）提出需求

所有的商品都是可以在某种程度上解决某个问题或满足消费者某种需求的。例如，购买空气净化器可改善空气质量，漂亮的衣服可以提升人的气质，而保暖内衣能够帮助消费者御寒。因此商品详情页文案要为消费者指出购买该商品能带来的需求满足。

（3）将商品定位为问题的解决方案

一旦消费者明白自己确实有需求，文案就得尽快指出商品能够满足他的需求，解决他的麻烦。

（4）证明并说服消费者购买你的商品

这阶段的撰写技巧为指出商品或服务的实际好处，指出商品能发挥的功效，告诉消费者要购买该商品的原因。利用已购买者的现身说法，说服力会很好。跟你的竞争对手做比较，解释为什么你的商品比同类商品更胜一筹，差异点在哪里。假如你已经做过研究，有足够的“证据”证明商品的优越性，就把“证据”罗列在文案中，用事实说话。最后，让消费者知道你是值得信赖的，而且会持续经营，让消费者对商品有足够的信心。

（5）促成消费者的实际购买

该部分要突出邮寄及售后服务的便利等信息。

1. 网店中的商品详情页

通常来说，网店商品详情页商品描述的内容大致为：诉求情感语句（200字以内）、商品大图、价格促销点、宝贝获得的荣誉、商品在本店的情况、老客户体验、商品最独特的卖点图文说明、商品功能介绍、和同类目的商品对比、商品实拍图、感性营销、售后保障、品牌介绍。

如何让商品详情页更有吸引力、更加精准地抓住消费者的心理呢？除了精美的图片，就是出色的文案。文案往往是抓住消费者心理的关键所在，具体应做到虚实结合、图文并茂、详略得当及手法多样。

图9-9所示为某款深海鱼油的商品详情页文案。通过一个问题带领消费者进入其设置的情境中，坚定消费者选择深海鱼油的信心，然后又分别从6个方面介绍商品的特点及功效，实现最终的转化。

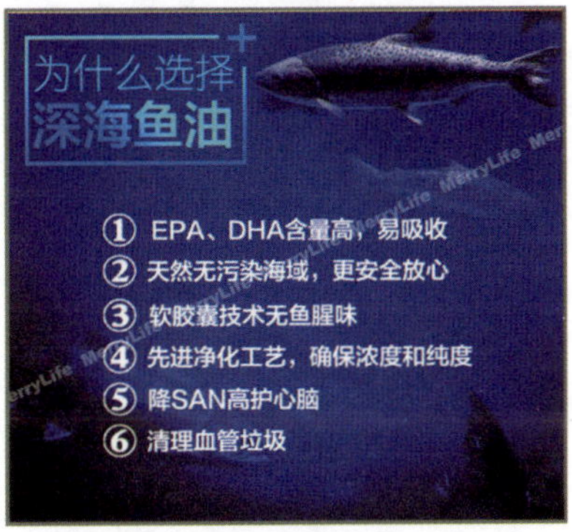

图9-9 商品详情页文案

要想把商品描述得生动有趣，文案创作者就要深入了解商品，通过文字描述让消费者看到商品的每个细节。此外，除了商品的细节说明以外，关于网店商品的设计元素、原料、颜色、商品特点和适用场景等也都影响着消费者对宝贝的满意程度。商品详情页的好坏直接关系到消费者的购买转化率，详情页满足了消费者的需求，就能顺利地让消费者下单。

2. 普通型商品详情页的文案写作技巧

当下多数的商品详情页文案阅读率都很低，那么，如何撰写商品详情页文案呢？

最常见的普通型商品详情页文案要求商品描述要简洁，商品细节描述要真实。要明确一点，消费者买东西，吸引他的往往是图片而不是文字。因此，描述商品的文字要尽可能简单、直白。图9-10所示的空气净化器商品突出了该商品“高效净化0.02微米过滤”的空气净化功能，用科学的数据和理论知识向消费者阐述商品的独特卖点。

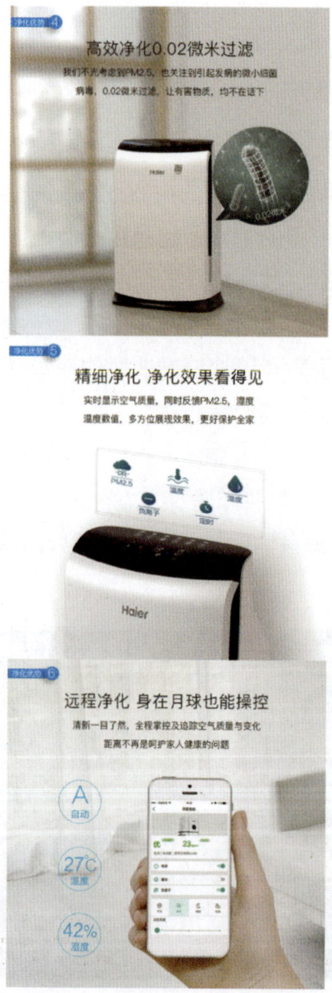

图9-10 商品详情页部分文案

此外，需要指出的是，对于商品的细节描述，要做到既不夸大也不隐瞒，商品描述一定要符合实际情况，不可以弄虚作假。否则，也许你成功地“骗”了一次，但绝对不会再有回头客，还可能带来店铺的差评，这对电商品牌带来的负面影响非常大。

消费者购买商品为的是获得商品的价值，而不是商品本身，如果我们的商品没有任何价值，消费者是不会为它们买单的，所以对于商品价值的包装也是很有必要的。文案创作者需要直接把商品价值展示给消费者，如商品的生产地、商品的成分、这款商品热销的原因，以及商品本身经过多少道工序等。

9.2.3 解决痛点型商品详情页文案

商品详情页要给出消费者立刻购买的理由，制造紧张感、稀缺感，进行明确的购买引导。抓住目标消费人群的痛点，突显商品价值。在进行商品描述时要换位思考，站在消费者的角度思考购买这个商品的动机，剖析消费者的购物心理。只有真正找到消费者的痛点，才能以此突显店铺商品的卖点，加深消费者的认同感。

成功的商品详情页都要站在消费者的角度上来写，让消费者看完商品详情页后觉得非买不可。图9-11所示为某款儿童床垫的商品详情页，其文案写道“爱贝迪专注婴童睡眠”，主要突出品牌的专业性，让消费者对品牌充满信心。找准消费者痛点，用情感诉求，拉近商品和消费者之间的关系。该商品准确捕捉到儿童家长为孩子健康担心的痛点，突出宣传商品的这一特点。

图9-11　解决痛点型商品详情页文案（一）

同样是针对宝宝的爸爸妈妈这个目标消费群体，图9-12所示的儿童手推车直接在文案中写到“买了N台车，没有1台随时满足需要？那是因为您没有遇到我们。”从四个常见的生活场景入手，分别阐述了这款车的优势，解决了消费者日常生活中的常见困难，因此很容易打动目标消费群体。

图9-12　解决痛点型商品详情页文案（二）

针对痛点，将消费者的需要转换成恐惧也是一种好方法。通常文案撰写者要从三个步骤做起：第一步，提出一个与消费者切身利益相关的问题；第二步，加剧消费者对该问题的恐惧；最后，向消费者兜售解决方案。图9-13所示为某款除螨商品的详情页文案，商品的功效是去除尘螨，因此在商品详情页中列出了尘螨繁衍的情况以及尘螨带来的危害，这就给消费者带来了恐慌的心理，让消费者认识到尘螨与自身健康的利益关系，进而向消费者推荐解决问题的商品。

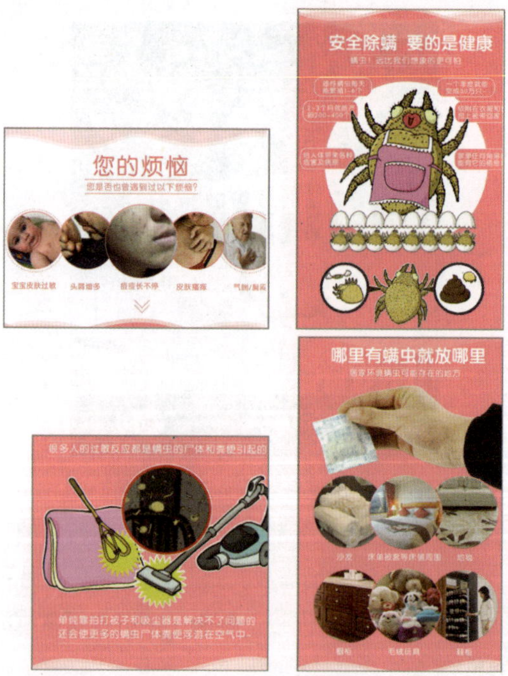

图9-13　解决痛点型商品详情页文案（三）

9.2.4 故事型商品详情页文案

“讲故事卖商品”这个模式在商品详情页设计上越来越常见，无论什么类目，如果能讲好故事，为商品添加附加值，消费者会更加受用。一个优秀的故事必定能调动消费者的情绪，使他们在观看过程中不知不觉地被潜移默化，认同商品价值，最后购买。

一个有故事的商品，能够承载消费者的希望、梦想和价值观，引起其情感共鸣。故事即文案，好的故事是文案创意最丰富的原料。文案撰写者在文案中用精彩的故事，不仅可以推销更多的商品，而且可以赢得良好的社会声誉。图9-14所示为某大学生创业淘宝店铺的创业故事文案。

图9-14 故事型商品详情页文案（一）

再如，餐馆不二食堂在推出一款清油火锅料时，以消费者的口吻讲述排队吃冒菜的经历，感慨“不如购买调料在家自己煮”，也很容易引发消费者的共鸣。图9-15所示为不二食堂清油火锅料的商品详情页文案。

图9-15 故事型商品详情页文案（二）

川人有福

广州最近开始兴起「冒菜热」，真真是开一家火一家。被朋友拉去尝过一次，环境装修不错，菜品不过装在了好看点的盆碗之中，精致不少。不过味道嘛，和成都相比，实在差太远。但说也奇怪，一到饭点仍是兴旺不已，领号排队大家也一定要去吃。商家给在门口等位的客人准备了凳子，于是三三两两的食客嗅着堂内飘出来的油香味，心甘情愿地等候入场。那场面，真是一个划算的活广告。

火锅、麻辣烫、串串香、冒菜，都不过是成都街头巷尾的寻常美味。从小吃到大，若不是因为离家，也没觉着有多么了不得。所以啊，去成都做饮食生意要慎重，一群胃口被惯坏的家伙，难伺候得很。

「排队冒菜」我是肯定不想试第二次了。我在家都能做得比它好吃，比它干净，还比它实惠。真不是显摆我手艺有多好，主要是显摆我背后有高人。谁都知道，香辣火锅之魂就在于酱料，那是香料的万千组合，手艺人没有年月的积淀，怎么好意思把味道拿出来示人，不是自毁脸面吗？

图9-15 故事型商品详情页文案（二）（续）

下面是长城解百纳干红葡萄酒的一款商品详情页文案，该文案向消费者诉说故事，通过故事打动消费者，引发其共鸣，激发其购买欲，完成故事营销，这样的详情页转化率是不会太低的。

十年间，
世界上发生了什么？

65种语言消失；
科学家发现了12 866颗小行星；
地球上出生了3亿人；
热带雨林减少了6 070 000平方公里；
互联网用户增长270倍；
5 670 003只流浪狗找到了家；
乔丹3次复出；
96 354 426对男女结婚；
25457 998对男女离婚；
人们喝掉了7 000 000 000 000罐碳酸饮料，
平均体重增加15%。
我们养育了一瓶好酒。
地道好酒，天赋灵犀。

三毫米的旅程，一颗好葡萄要走十年。
三毫米，
瓶壁外面到里面的距离，
一颗葡萄到一瓶好酒之间的距离。
不是每颗葡萄都有资格踏上这三毫米的旅程。
它必是葡园中的贵族，
占据区区几平方公里的砂砾土地；
坡地的方位像为它精心计量过，
刚好能迎上远道而来的季风。
它小时候，没遇到一场霜冻和冷雨；
旺盛的青春期，碰上了十几年最好的太阳；
临近成熟，没有雨水冲淡它酝酿已久的糖分；
甚至山雀也从未打它的主意。
摘了三十五年葡萄的老工人，
耐心地等到糖分和酸度完全平衡的一刻才把它摘下；
酒庄里最德高望重的酿酒师，
每个环节都要亲手控制，小心翼翼。
黑暗、潮湿的地窖里，
葡萄要完成最后三毫米的推进。
天堂并非遥不可及，再走，
十年而已。

最后，需要指出的是，许多商品详情页存在将上述几种类型综合在一起进行文案创作的情况。

课后练习题

1. 假如你要为某品牌手表设计商品细节展示区，你该如何表现商品细节？

2. 请举出你看了商品详情页马上购买的两个详情页案例，并分析他们的详情页视觉文案设计好在哪里。

3. 请为解决痛点型商品详情页文案和故事型商品详情页文案各举出一个实例，并分析它们的优势。

第10章 电商文案视觉营销优秀案例剖析

学习目标

1. 掌握服饰行业开展视觉文案营销的方法。
2. 掌握食品行业开展视觉文案营销的方法。
3. 掌握家纺行业开展视觉文案营销的方法。
4. 掌握汽车行业开展视觉文案营销的方法。

在前面的章节读者已经学到了很多关于电商视觉营销与文案策划的相关知识，但只有理论知识还不够，还需要实际操作，毕竟“实践才是检验真理的唯一标准”。在进行实践之前，应该多了解一些优秀的电商视觉文案案例，并从中汲取精华。本章从衣、食、住、行四个行业详细地为读者分析了电商视觉文案，供读者学习借鉴。

10.1 服饰行业的电商视觉营销案例

在电商领域，服饰行业是非常火爆的，所以也很容易出现优秀的电商视觉文案，下面就来介绍服饰行业的电商视觉文案策划的方法。

10.1.1 活动图

对于消费者来说，可供他们选择的同类商品很多，因此，他们会从商品的创新、促销手段、活动内容等方面进行层层挑选，选择看上去不错、符合自己心理要求的商品。

一般服饰行业的活动视觉文案必须具备活动主题、活动时间，如图10-1所示。

在设计服饰行业活动视觉文案时要记住用简洁的话语描述关于活动的重要内容，不出现图片排版空洞的情况，不出现色彩冲突的现象。做到这些，就能制作出优秀的活动视觉文案了。

活动主题：可以放置促销信息、活动标题、品牌

活动时间：放置活动开始与结束的具体时间，最好将开始和结束的时间写清楚，包括月、日、时

图10-1 活动视觉文案

10.1.2 广告图

广告图一般是体现促销信息的图，广告图的风格很重要，这是决定消费者能否被广告图吸引的重要因素。一般广告图需要注意构图方式是否美观、是否能突出促销主题、是否具有独特的风格等问题。下面来看几则优秀的广告视觉文案，如图10-2所示。

广告主题：用显眼的位置、字体、颜色突出广告主题

整体风格：整张图由“文案+模特+背景色”构成，营造出了一种青春可爱的氛围，让消费者从视觉上感受到青春的气息

构图方式：图片和文案两分的构图突出了防晒衫慵懒、透气等特点

图10-2 广告视觉文案

服饰广告视觉文案应该将文字放在最醒目的位置，字号稍微大一些。当广告图中有商品图片时，应该以商品图为主，文字要比商品图小一点。在广告图中还可以加一些突出商品特点的元素，如服饰的细节、服饰的材质等，让消费者能快速了解商品。

10.1.3 首页

首页能树立品牌形象，分流引导消费者关注商品信息，是营销的好帮手，所以首页的设计尤为重要。只有将首页各模块的视觉文案做到位，才能做出口口相传的优秀视觉营销文案。下面来看几则优秀的首页示例，如图10-3所示。

首屏：这是首页进入消费者眼中的第一屏，这里采用轮播图的形式，用“黄色+模特+文案”为消费者营造出了浅夏的氛围，并突出了服饰材质舒服、透气的特点

一句话文案：用“一寸阳光”给消费者营造出温暖、宁静的氛围，可以增加消费者对商品的信任度，并且增加消费者对每周一、周四上新商品的期待程度

导航条与店招：导航条以商品类别分类，让消费者很容易找到自己想要的商品，并且店招设计简洁、排版合理，符合店铺整体的风格

图10-3 首页视觉文案

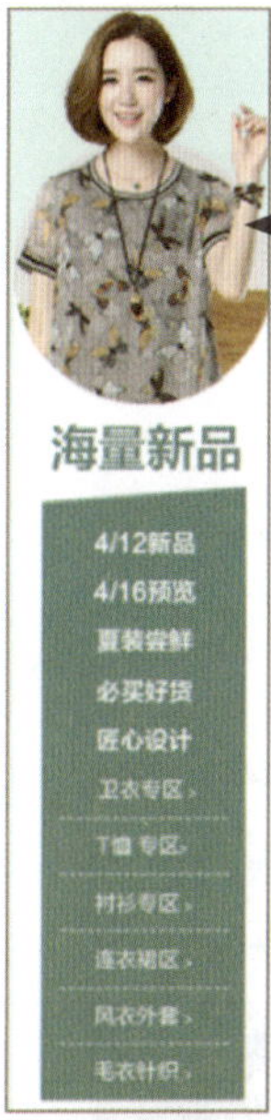

分类：简单的分类，呼应了首页的整体色调和风格

商品分类：以“图片+文字”的形式做分类，能让消费者更清楚地了解分类信息，并且增强了首页视觉效果

陈列：本图属于普通陈列，将商品图简单明了地展示在消费者眼前，并且以商品类型来划分陈列格局，商品图简洁大方地展示出了商品的特点，促销文案则能促使消费者产生购买欲望

图片分类：图片色调相似，增加了整体的美观性

图10-3　首页视觉文案（续）

图10-3　首页视觉文案（续）

首页的首屏是由店招、导航条、首焦（广告图、海报）组成的，这三个组成部分一定要在色彩、风格上达成一致，不能反差太大，那样会显得很突兀，且会模糊品牌定位，破坏视觉效果。下面来看几个首焦常见的风格，如图10-4所示。

异域风：利用“模特+文案+背景颜色”体现出了异域风情

名媛风：利用图片和文案烘托出气氛，将消费者引入文案的意境中，引导消费者穿上该裙能变得庄重，提升气质

文艺风：整张图以模特的背影画面为主，文案简短精辟，将消费者带入了一个文艺、宁静的意境

小清新风：利用背景颜色和活泼的文案字体，将消费者带入小清新的氛围中

图10-4　首焦常见的风格

复古风：此图将消费者带入复古情境，引导消费者将自己想象成一个笑靥如花的书香门第的女子

清爽风：利用图片烘托出清爽的氛围，突出商品的风格

图10-4　首焦常见的风格（续）

服饰行业的首页应将色彩搭配成最能让消费者感到舒适的效果；整体页面应具有逻辑性，在首焦上多使用一句话文案，将消费者带入到文案的情景中，引起消费者的共鸣；模特图片要美观，不要放置过多的文案。

10.1.4　详情页

详情页是展示商品特点的重要位置，可放置商品细节、商品设计理念等信息。电商企业如果能很好地把握住详情页的设计，就离高销量不远了。下面来看几个优秀的详情页视觉文案，如图10-5所示。

第一屏：第一屏介绍设计理念往往是不错的选择，此图利用文案烘托出优雅、时尚的氛围，通过“模特图+文案”的解说，将消费者引入一个随性、优雅的遐想空间

图10-5　优秀的详情页视觉文案

模特展示：模特从不同的角度进行商品的展示，将商品的每个“面”都展示出来，且模特背景图的色调需要风格一致，可以不添加文案，只专注于视觉的呈现

图10-5　优秀的详情页视觉文案（续）

在详情页里还有一个重要的要素就是细节展示，一般电商企业都会辅以简短的文案对细节图进行详细诠释。下面来看几种细节展示的方式，如图10-6所示。

细节展示：这是一种直接截取细节部分的图片进行展示的方法，并在每个细节上加入一句简短的文案来突显细节的特点、风格、理念等

细节展示：这种方式的细节展示并不会太过全面，只会就一些消费者通常会在意的地方进行展示说明，一般介绍领口、缝线、拉链、面料等

图10-6　详情页细节展示视觉文案

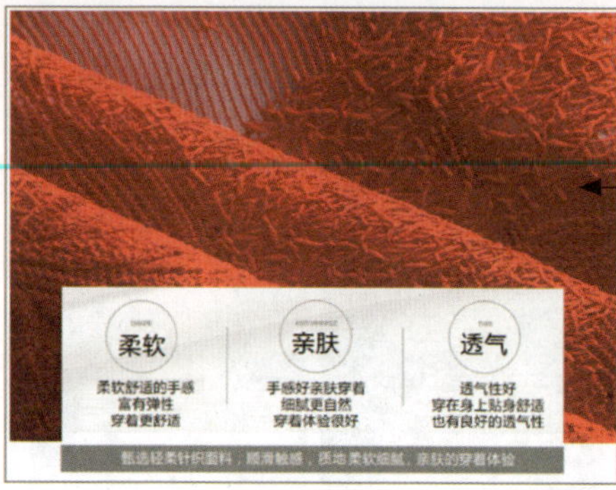

细节展示：这种细节展示方法的缺点是不能让消费者更加清晰明了地了解细节在整个商品中的位置

图10-6　详情页细节展示视觉文案（续）

服装详情页图一定不要放过多的模特图片，否则不但会影响页面打开的速度，还会使消费者产生不耐烦的心理，所以详情页一定要放置消费者最想了解的商品信息。

10.1.5　主图

主图是商品的脸面，消费者对主图的第一印象直接决定着其对商品的印象，所以主图的呈现方式很重要。下面来看几个优秀的主图视觉文案，如图10-7所示。

一般服饰行业的主图很少出现标新立异的结构，几乎都是由一个模特、一幅背景，或者再加一些促销标签组成的

差异化：利用模特的不同展示状态来区分同类型的商品

图10-7　优秀的主图视觉文案

图10-7　优秀的主图视觉文案（续）

服饰的主图最好突出服饰的特点，可以就促销活动、细节、材质、质量等方面进行主图的构图。需要注意的是，主图要做得精美，千万不要堆积信息，要在主图上放置商品的核心卖点。

10.1.6 直通车图

在服饰行业，直通车图上一般会放置一些促销信息，或者只有一个好看的商品图片而没有文案。下面来看服饰行业的一些直通车图，如图10-8所示。

图10-8　优秀的直通车图视觉文案

位于搜索页右侧，在直通车图上，服装行业经常会利用点明价格的方式来吸引消费者的注意力

图10-8 优秀的直通车图视觉文案（续）

服饰行业的直通车图是由“商品+模特+促销信息”组成的，不过对于有一定知名度的品牌来说，不一定要放置促销信息，在制作直通车图时，可以跟平时的主图一样，放置精美的模特图即可。

10.2 食品行业的电商视觉营销案例

随着互联网的发展，各行各业陆续加入到互联网大军之中，很多企业踏上了电商的道路，食品行业也不例外。下面就来介绍电商食品行业优秀的视觉文案，帮助读者从中吸取有用的知识。

10.2.1 活动图

电商食品行业的活动图重在突出活动主题，因此建议用最简单、直接的文字将活动呈现出来。下面来看几个电商食品行业优秀的活动图视觉文案，如图10-9所示。

电商食品行业活动图重在突出活动主题、活动时间以及活动内容。要让消费者快速明白活动的内容，突出这个活动对消费者来说有什么好处。活动图在色彩方面一定要协调，不要选择冷色调的颜色，要选择暖色调并且能让消费者感觉舒适的颜色，这样更能吸引消费者。

突出活动主题：此图旨在突出活动主题“寻味觉醒踏青季”，符合彼时的季节，便于在众多活动中引起消费者的注意

图10-9 电商食品行业优秀的活动图视觉文案

突出活动内容：此图以“带着美食去旅行”为活动主题，并突出“满39元包邮”这一活动内容。图片界面很卡通，视觉效果不错

突出活动主题：此图将活动主题放在正中间，以集中的构图形式，突出活动主题

图10-9 电商食品行业优秀的活动图视觉文案（续）

10.2.2 广告图

电商食品行业的广告图很简单，就是直接将“商品+促销信息”展示到消费者的面前。下面来看几个电商食品行业优秀的广告图视觉文案，如图10-10所示。

广告图利用“促销文案+商品图”的方式，引起消费者的兴趣和购买积极性

色彩：此图的配色给人一种浪漫的感觉，再加上商品图与文案的完美配合，让消费者产生深刻印象，并以“买就送樱花勺一个”来刺激消费者的购买欲望

图10-10 电商食品行业优秀的广告图视觉文案

制造限制：将图片与文案一分为二地排列，鲜明地突出广告主题，再以“珍藏”“仅3万瓶”来刺激消费者的购买欲望，催发消费者加快购买

图10-10　电商食品行业优秀的广告图视觉文案（续）

电商食品行业的广告图必须要注意整个图片的色彩协调性，突出商品的美味，可以将促销信息和商品图放置在一起，合理进行广告图的制作。切记，食品广告图中一定要有商品图片，不然很难引起消费者的注意，很容易被消费者忽视。

10.2.3　首页

电商食品行业的首页很多都千篇一律，很少像其他行业那么花哨，其陈列的模式几乎都是普通摆放；首屏以广告图为主，极少用一句话文案的海报图。下面来看几个电商食品行业优秀的首页视觉文案，如图10-11所示。

店招与导航条：食品行业经常喜欢在店招上放置商品的推广信息

首焦：将文案中的“妈妈爱满分”体现得淋漓尽致，图片中的场景很容易让消费者联想到自己的孩子，引发消费者渴望孩子能健康成长的心理情感，引导消费者多留意店铺的商品

图10-11　电商食品行业优秀的首页视觉文案

构图：此页面构成一个S形的视觉动线，引导消费者跟着S形的线条来浏览首页的商品图

色彩：
氛围色——蓝色，
功能色——白色，
搭配色——粉色

陈列：体现出了整齐统一的陈列特点，即采用统一的色调、统一的格局，并且以Z字形为构图方式，将消费者的视线聚集在一处，这是最常见的构图方式

导航区：以“商品图片+文字”的形式排列，将商品类型、品牌清晰明了地展现在消费者面前，便于消费者快速找到自己想要的商品

图10-11 电商食品行业优秀的首页视觉文案（续）

电商食品行业的首页可以不弄得那么花哨，但一定要层次分明，排列有序，不能没有逻辑地随意摆放。最简单、效果也不错的一种方式就是按照商品类型将首页分成几个小板块进行商品介绍，这样能清楚地向消费者展现出店铺内的商品信息。

10.2.4 详情页

详情页是促使消费者购买商品的重要页面，如果详情页得以有效利用，能引发消费者对商品产生难以割舍的感情，并促使购买。下面来看几个电商食品行业优秀的详情页视觉文案案例，如图10-12所示。

第一屏：食品行业的详情页第一屏往往是一些广告，往下翻才能看到商品的详细内容，这是电商食品行业先推广商品再介绍主要商品的常用方法，需要注意的是，推广的商品要与主要商品的类型差不多，不然就会给消费者一种驴唇不对马嘴的感觉

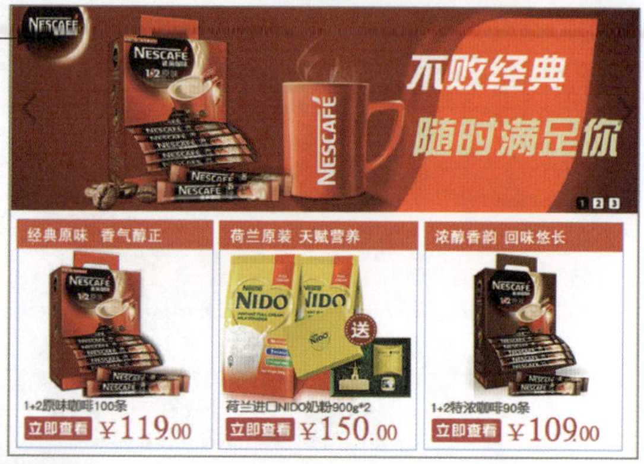

文案为主：食品行业的详情页几乎很少出现模特图，商品的细节图也要根据商品类型进行安排，展示商品细节的部分要靠文案才能将细节表述出来，文案字数一般不少于10个，此图即用一些篇幅的文案介绍了消费者为什么要买此咖啡，以及此咖啡的特点、优势

工艺：食品行业详情页图片以图片为主、文案为辅的情况比较多，此图就以这种方式将咖啡的产地及工艺清晰明了地展现出来，让消费者能进一步了解该咖啡，体现出了该店铺的贴心，给消费者留下一个好的印象

图10-12 电商食品行业优秀的详情页视觉文案

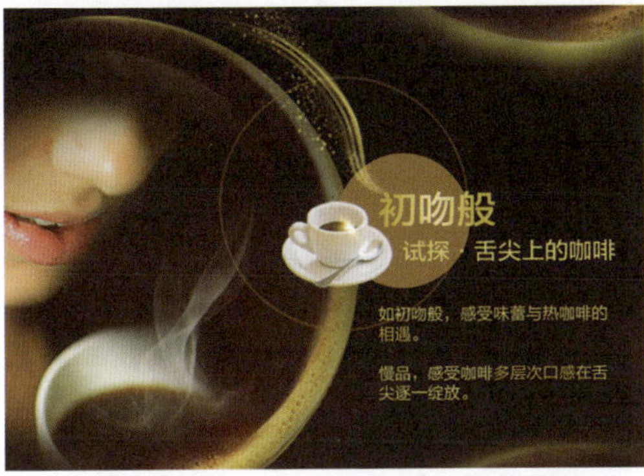

情感文案：该文案将喝咖啡的过程用文字的形式诠释出来，这可以提升消费者的购买欲望

实力展示：以品牌历史展示企业实力，引导消费者对商品产生信任

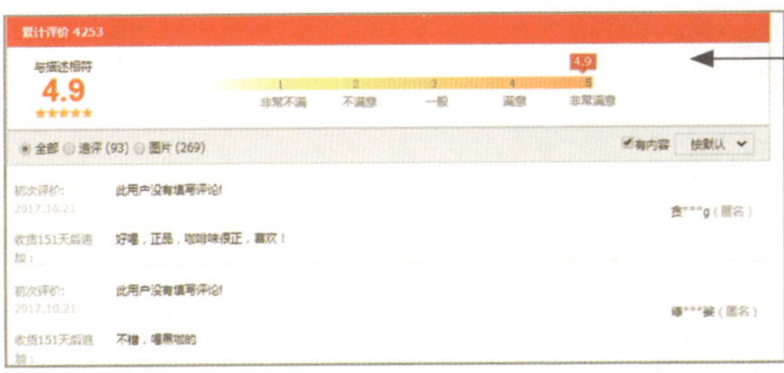

潜意识诱导：买家评价是利用潜意识引导消费者购买商品的好帮手

图10-12　电商食品行业优秀的详情页视觉文案（续）

电商食品行业的详情页并不全是以图片为主的，也可以将图片和较多的文案相结合，突出商品对消费者的用处，告诉消费者怎样才好吃、怎样更享受，并且可以进行关联销售，增加消费者的点击量和商品销量。

10.2.5　主图

食品行业的主图一般都属于引人垂涎的类型，只要能引起消费者的食欲，就能产生一定的点击率，如果主图上再加上鼓舞人心的文案，如促销信息、价格等，那么绝对会引起消费者的购买欲望。下面来看几个电商食品行业优秀的主图视觉文案，如图10-13所示。

图10-13　食品电商行业优秀的主图视觉文案

关于食品行业的主图，必须记住一个核心思想，就是图片中的商品要引人垂涎、卖点独特。

10.2.6 直通车图

一般食品直通车图与主图的要求是差不多的，图片能引起消费者想吃的欲望就算成功，不过直通车图较侧重促销、活动等。下面来看几个电商食品行业优秀的直通车图视觉文案，如图10-14所示。

图10-14 电商食品行业优秀的直通车图视觉文案

食品直通车图的构成有几种模式，如果电商企业没有好的想法，可以根据以下几种模式进行食品行业直通车图的制作，如图10-15所示。

图10-15 电商食品行业直通车图构成模式

10.3 家纺行业的电商视觉营销案例

随着电子商务的不断发展，家纺行业也开始进军电商，并在电商领域站稳了脚跟。消费者也开始在网上购买家纺商品。下面来介绍家纺行业在电商中的优秀视觉营销文案。

10.3.1 活动图

家纺行业的活动图的要求跟其他行业是差不多的。下面来看一个电商家纺行业优秀的活动图视觉文案，如图10-16所示。

突出主题：在家纺行业的活动图上，要将商品的活动时间、主题说清楚，再将活动商品表述出来

图10-16　电商家纺行业优秀的活动图视觉文案

10.3.2 广告图

家纺行业的广告图非常简单，就是重点放置促销信息。下面来看两个电商家纺行业优秀的广告图视觉文案，如图10-17所示。

用简短的文案来突显商品材质和舒适透气的特点，加入价格和“1～100名立减100”的文案，更能吸引消费者点击购买

图10-17　电商家纺行业优秀的广告图视觉文案

直观促销：此图直接将促销信息展现出来，并且将商品图片和诠释商品特点的文案相结合，给消费者一种接地气的感觉，加入了购买按钮，从潜意识上吸引消费者的点击

图10-17　电商家纺行业优秀的广告图视觉文案（续）

家纺行业的广告图无非就是加入促销信息，其中有一种广告图模式是用得极为广泛的“一句话文案+促销信息”，而文案一般都以商品的卖点为主，这样才能用直接的促销信息吸引消费者的注意力。

10.3.3　首页

家纺行业首页跟食品行业的首页有所不同，下面来看几个电商家纺行业优秀的首页视觉文案，如图10-18所示。

一句话文案：这张首焦图用简单的5个字就将商品卖点淋漓尽致地展现了出来

首屏：店招和导航条虽然精简却不失可读性。搭配文案和商品图片，可以烘托整个店铺优雅、简约的氛围

图10-18　电商家纺行业优秀的首页视觉文案

分类：将商品按照不同用处进行分类，用"简约的文案+图片"让消费者自己考虑这是否是自己想要的家纺商品

在分类之后，立马陈列商品，加深消费者对商品的印象，这种Z字形的陈列方式，便于消费者快速浏览文案及商品图片

保障：在家纺行业的首页，一般都会有品质保障、无条件退换等质保信息，多位于首页的最下方

图10-18 电商家纺行业优秀的首页视觉文案（续）

家纺行业的首页没有那么花哨，“文案+商品图片”的形式用得比较多，且多以商品风格来分类。总之，电商家纺行业的首页需要辅以少量的文案对商品进行描述，以及对商品风格进行展示。

10.3.4 详情页

电商家纺行业的详情页模特图比较少，且多以关联销售开头。下面来看几个电商家纺行业优秀的详情页视觉文案，如图10-19所示。

关联销售：将与本商品相关联的其他商品放在详情页，可以提高关联商品的点击率

一句话文案：体现了此商品的火爆程度

介绍商品：将商品的优势、特点等用“文案+图片”的形式表现出来，不会显得太古板，而且还具有可读性，这样可以使消费者产生一种信赖心理

图10-19 电商家纺行业优秀的详情页视觉文案

商品颜色：介绍了商品有多种颜色可供选择

述说品牌特点：条理清晰地将品牌特点一一说明，首先从商品的材质出发

述说品牌特点：消费者用得舒服才是硬道理，而一般的消费者想要家纺商品具有透气、亲肤、温和、柔软等特点，只要家纺商家抓住这几点进行商品展示，定能吸引关注这些特点的消费者

图10-19　电商家纺行业优秀的详情页视觉文案（续）

述说品牌特点：对于消费者来说，家纺的工艺设计也是他们比较看重的，所以将商品的设计讲出来，也可以提升商品在消费者心中的印象

述说品牌特点：环保是消费者选择家纺商品时重点考虑的一个方面，商品质量好、实用性强又环保，是消费者选择商品的理想状态

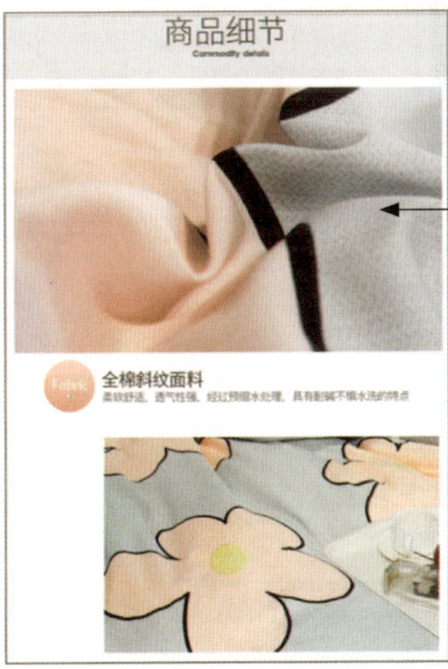

商品细节描述：介绍完品牌之后，就可以主打商品细节的描述了，先用商品细节图将商品细节展示出来，然后通过文案的描述，将商品面料的舒适感、亲肤感体现出来

图10-19　电商家纺行业优秀的详情页视觉文案（续）

不放过小细节：一个小细节都不要放过，只要是商品材质、功能和消费者在意的方面都得作为细节部分进行展示，让消费者更加深刻地了解商品的特点

实力展示：实力展示可以增强消费者对商品的信赖程度，也可以展示企业的实力，提升企业的声誉及品牌影响力，展示的内容可以是线上线下的售后服务

图10-19　电商家纺行业优秀的详情页视觉文案（续）

家纺行业的详情页的展现方法不止上面说的几种，还需要相关电商企业自己去挖掘，需要注意的是，家纺行业中的详情页一定要实事求是地进行宣传，并且要抓住品牌的感染力、商品特点，从人性化的角度进行详情页的制作。

10.3.5　主图

家纺行业的主图一般都很简洁，不会出现“牛皮癣”的情况。下面来看几个电商家纺行业优秀的主图视觉文案，如图10-20所示。

图10-20　电商家纺行业优秀的主图视觉文案

家纺行业的主图是属于简洁型的，常用模式是"商品+品牌Logo"，简洁、大方地将商品展示给消费者，便于消费者挑选，而加入过多文案的主图一般较少出现。

当然，家纺行业的主图加入促销标签，如包邮、全场5折、特价促销等，也是可行的。需要注意的是，促销标签不要放置得太多，通常一个即可，并且最好把促销标签放在图片的角落上，以免影响商品图片的展示。

10.3.6　直通车图

家纺行业的直通车图跟主图一样，都是简洁的风格，不会出现太多的促销信息。下面来看几个电商家纺行业优秀的直通车视觉文案，如图10-21所示。

标明价格：将原价与现价都标出来，让消费者自己来判断是否实惠，并规定时间期限，给消费者制造紧迫感

背景：一般家纺行业的直通车图都用房间为背景，体现出四件套在房间里的展示状况，可以称之为带入情景图

卖点：此图的卖点是由“商品质量+送运费险+包邮+图片”组成的，整个界面构图清晰、不凌乱，可以增加消费者对商品的了解

图10-21　电商家纺行业优秀的直通车图视觉文案

家纺行业与服饰行业不同，一般很少出现模特图，而以商品图居多，并且直通车图上的促销标签几乎都在图的边角处，不会盖过商品图的风头。

10.4 汽车行业的电商视觉营销案例

近年来，各行各业都开始投身于电商，想方设法地要在电商领域开拓出一片新天地，而汽车行业也不例外，下面就来介绍电商汽车行业的优秀视觉文案。

10.4.1 海报图

汽车行业的海报图一般都是采用一句话文案的方式，下面来看几个电商汽车行业优秀的海报图视觉文案，如图10-22所示。

一句话+场景：此图采用“一句话文案+场景”的模式，让消费者能直观地感受到这部汽车的加速之快，给消费者以强大的视觉冲击力

以人为中心：用一句充满力量的话来告诉消费者汽车的风格和品牌的态度

图10-22　电商汽车行业优秀的海报图视觉文案

带入情景：将汽车放在一个山坡上，然后配上文案，给人一种崇尚自由的感觉，容易将消费者引入一个快乐的、开车狂奔的意境中

图10-22 电商汽车行业优秀的海报图视觉文案（续）

汽车行业的海报图，其实就是利用一句话文案来刺激消费者，用“文案+图片场景”的形式引起他们内心的渴望，从而使得他们对汽车产生兴趣。

10.4.2 活动图

电商汽车行业的活动图有一个特点就是喜欢整张图铺满汽车，这样可以突显出汽车的气势。下面来看几个电商汽车行业优秀的活动图视觉文案，如图10-23所示。

秀阵势：在活动图上放置不少于3部汽车，可以烘托出活动主题及气氛，然后再用显眼的文字突出活动时间与主题

简单活动图：利用引人注意的文案，突出优惠感

图10-23 电商汽车行业优秀的活动图视觉文案

电商汽车行业的活动图一定要将最有利的卖点展示出来，要将活动对消费者的好处体现出来，这样才能引起消费者的兴趣。

10.4.3 广告图

汽车行业的广告图与其他行业的不一样，多为直接体现价钱的广告图。下面来看几个电商汽车行业优秀的广告图视觉文案，如图10-24所示。

虚化背景：汽车广告的背景虚化后，会显得汽车像在动一样，同时在广告图上以“首付8000元”来引起消费者的购买欲望

直接点出价格：直接点出价格，可以让消费者心里有个底，看自己能不能接受这样的价格

集中构图：此构图将消费者的视线都集中在中心点，更容易使消费者注意到商品，同时配上文案，激起消费者的购买欲望，并且用与商品颜色相同的色彩来突出促销信息

图10-24 电商汽车行业优秀的广告图视觉文案

汽车行业的广告图文案基本上是由“一句话促销信息+场景”组成的，并且促销信息很全面，让消费者可以一目了然地了解促销信息。

10.4.4 首页

汽车行业并不像家纺、服装、食品等行业的电商做得那么成熟，并没有能直接付款的电商网站，只能通过第三方网站进行定金预付、试驾预约、二手买卖，以及报价、性能、车型的查询等。一般专门销售汽车的网站首页都做得比较简单。下面来看几个电商汽车行业优秀的首页视觉文案，如图10-25所示。

图10-25　电商汽车行业优秀的首页视觉文案

以上的电商汽车行业首页视觉文案是比较简单的，也是用得最多的一种类型，一般由导航条、车型搜索栏、品质保障承诺、推荐商品、买车指南等构成。

10.4.5　详情页

电商汽车行业的详情页没有其他行业的复杂，但是很简洁，细节比较多。下面来看几个电商汽车行业优秀的详情页视觉文案，如图10-26所示。

商品主图+基本信息：将商品的品牌、名称、车型和促销等基本信息放置在第一屏上，让消费者对汽车有一个基本的了解

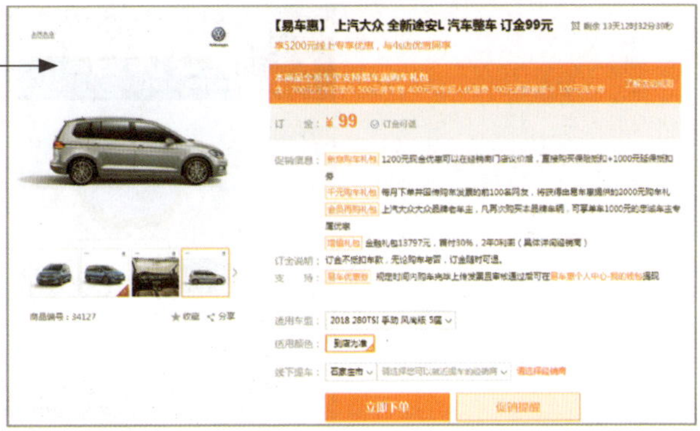

优惠政策：展示出商品的优惠政策，吸引消费者的注意力，使消费者有进一步了解商品的兴趣

购车流程：让消费者对购车流程有一个清晰的了解，更便于消费者浏览和购买汽车

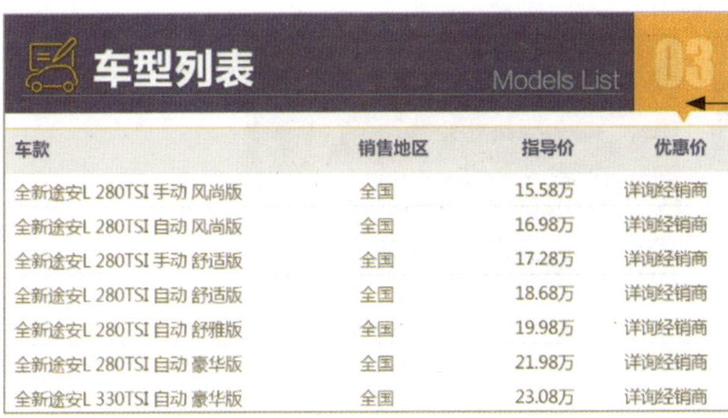

车款	销售地区	指导价	优惠价
全新途安L 280TSI 手动 风尚版	全国	15.58万	详询经销商
全新途安L 280TSI 自动 风尚版	全国	16.98万	详询经销商
全新途安L 280TSI 手动 舒适版	全国	17.28万	详询经销商
全新途安L 280TSI 自动 舒适版	全国	18.68万	详询经销商
全新途安L 280TSI 自动 舒雅版	全国	19.98万	详询经销商
全新途安L 280TSI 自动 豪华版	全国	21.98万	详询经销商
全新途安L 330TSI 自动 豪华版	全国	23.08万	详询经销商

车型列表：展示出汽车的所有车型，让消费者在浏览时一目了然，减少消费者打开页面的时间

图 10-26　电商汽车行业优秀的详情页视觉文案

核心优势：告诉消费者商品的优势，突出商品的特点，引起消费者的购买欲望

图10-26　电商汽车行业优秀的详情页视觉文案（续）

电商汽车行业详情页的界面普遍为简洁的风格，便于商品在视觉上的呈现，汽车的购买方法、购车流程、核心优势、商品主图等都是需要放置在详情页上的。而详情页上的细节图最好还要展示出以下几类细节，如图10-27所示。

商品外观：对商品的外观细节进行介绍，如行车灯、后视镜、尾灯等

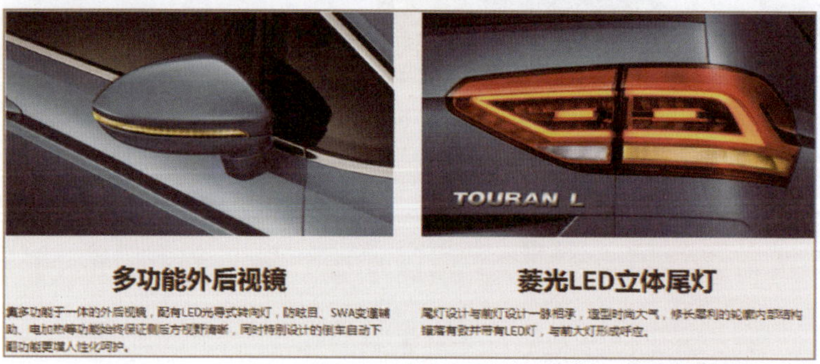

图10-27　电商汽车行业详情页细节图视觉文案

前排：在详情页细节图中，一般需要附上关于前排的细节图，如方向盘、排挡杆、前排座椅、多媒体导航等

后排：一般需要附上关于后排的细节图，如储物空间及其扩展和开关的方式等

图10-27　电商汽车行业详情页细节图视觉文案（续）

汽车行业的细节图一般越详细越好，这样才能让消费者充分了解汽车的信息，如果消费者喜欢这款车型，在了解了这款汽车的所有信息后，很容易产生购买欲望。

课后练习题

1. 请为某男装设计网店，并简述设计思路。
2. 请根据本章内容列举其他的电商视觉文案设计的优秀案例，并分析它们的优势。